AF370525

Félix Lope de Vega y Carpio

El marido más firme

Barcelona **2024**
Linkgua-ediciones.com

Créditos

Título original: El marido más firme.

© 2024, Red ediciones S.L.

e-mail: info@red-ediciones.com

Diseño de cubierta: Michel Mallard.

ISBN tapa dura: 978-84-1126-196-8.
ISBN rústica: 978-84-9816-177-9.
ISBN ebook: 978-84-9897-709-7.

Sumario

Brevísima presentación

La vida

Félix Lope de Vega y Carpio (Madrid, 1562-Madrid, 1635). España.

Nació en una familia modesta, estudió con los jesuitas y no terminó la universidad en Alcalá de Henares, parece que por asuntos amorosos. Tras su ruptura con Elena Osorio (Filis en sus poemas), su gran amor de juventud, Lope escribió libelos contra la familia de ésta. Por ello fue procesado y desterrado en 1588, año en que se casó con Isabel de Urbina (Belisa).

Pasó los dos primeros años en Valencia, y luego en Alba de Tormes, al servicio del duque de Alba. En 1594, tras fallecer su esposa y su hija, fue perdonado y volvió a Madrid.

Entonces era uno de los autores más populares y aclamados de la Corte. La desgracia marcó sus últimos años: Marta de Nevares una de sus últimas amantes quedó ciega en 1625, perdió la razón y murió en 1632. También murió su hijo Lope Félix. La soledad, el sufrimiento, la enfermedad, o los problemas económicos no le impidieron escribir.

Personajes

Aristeo
Camilo
Eurídice
Fílida
Orfeo
Fabio
Dantea
Celio
Tirsi
Riselo
Claridano
Frondoso
Un Barquero
Proserpina
Radamanto
Un Capitán
Albante

Dedicatoria

A Manuel Faria de Sosa, noble ingenio lusitano

La fábula de Orfeo, que he dedicado al nombre de Vm., saliera a luz segura si tuviera las partes, colores retóricos y artificios poéticos que el Narciso de que Vm. ha honrado el mío en su dulce lengua portuguesa, donde verdaderamente se ven la erudición del arte y la excelencia del ingenio, que, como escriben de Antheo, que luchando con Hércules, todas las veces que tocaba la tierra cobraba nuevas fuerzas con el amparo de la patria, y no le pudo vencer hasta apartarle de ella, como él se alaba en Ovidio:

> Saevoque alimenta parentis
> aeanto eripui, etc.

Y en Juvenal:

> Procul a tellure tenentis, etc.

Así, los que alejan de la propia lengua por levantarse al aire de su arrogancia mueren desamparados de su naturaleza, perdiendo las fuerzas que les hubiera dado reconocer la patria Todo lo que he visto de Vm., así en prosa como en verso, muestra bien la fertilidad de su claro juicio, que la abundancia (que algunos desestiman) a mí me persuade con el ejemplo de los campos, que el concierto breve de los cultivados jardines es inferior a la inmensa copia de la naturaleza, que en su variedad ha puesto hermosura, que en ella no solo no produce flores el arte; pero estaría como el fuego sin combustible, ejercitando su actividad dentro de su misma esfera, de que sería necesario que hubiese ingenios elementos próximos al cielo, donde por su raridad no fuesen vistos, no tuviesen necesidad de nutrimento, y que los nuestros no fuesen verdadero fuego, sino *igneum aliquid*. Escriba Vm. con fertilidad libros, canciones, fábulas, epitalamios, a imitación del abundante, insigne, dulce, heroico, grave y amoroso caballero Juan Bautista Marino, honrando y dilatando su lengua y la nuestra, que tan felizmente casa, venerado de los que saben que el alabanza no está en los presuntuosos que abrevian la mano al cielo, sino en los hombres virtuosos y científicos, y lea esta fábula, aplicándola a su moralidad, con el epigrama de Estephano Forcatulo:

Quid sibi vult antiqua rogat haec fabula, lector?
An quod is agrestes traxerit ore viros?
Inmanes flectit Regina oratio rerum:
Blanda nec alloquitur lingua: quid ergo? facit,

Capellán de su Vm.,
Lope Félix de Vega Carpio.

Jornada primera

(Salen Aristeo, Príncipe de Tracia, y Camilo.)

Aristeo   Ya reino en aquesta tierra.

Camilo   Luego ¿no, piensas volver?

Aristeo   Más hubiera menester
volver en mí que a mi tierra.

Camilo   ¿Qué locura te destierra
de donde a ser Rey naciste?

Aristeo   No preguntes lo que viste,
que no puede ser locura
la que en tal alta hermosura
celestialmente consiste.

Camilo   No pensé que un cazador
miraba más que a las fieras,
y que, si amaras, pudieras
cazando olvidar tu amor;
ya de tu reino, señor,
estás muy lejos; advierte
que te pones de esta suerte
a gran peligro.

Aristeo   Ya es tarde;
que no hay desdicha que aguarde
quien tiene en poco la muerte.
Parte, Camilo, y aquí
me deja, o sea loco o cuerdo;
que si por amor me pierdo,

no me he perdido por ti;
a mis vasallos les di
que de selva en selva errando
me entretengo, y vuelve cuando
te parezca, a ver si soy
o vivo o muerto, pues voy
o vida o muerte buscando.
   Hoy, cuando el alba salía
coronada de azucenas,
y de estos montes apenas
las cabezas guarnecía,
vi que cantando venía
gran copia de labradores,
cubiertos de varias flores;
seguílos, y abrióse un templo,
donde la imagen contemplo,
de Venus, diosa de amores.
   Ya Febo, de luz vestido,
columnas y frontispicios
de sus altos edificios,
bañaba de oro fingido,
cuando, suspenso el ruido,
advierto una ninfa hermosa,
hecha de jazmín y rosa,
a quien Venus concediera
templo y altar si dijera:
«¡Pastores, yo soy la diosa!»
   Eurídice se llamaba,
que luego este nombre oí,
y al niño de Venus vi
rendirle flechas y aljaba;
como vio que la miraba,
con el velo se cubrió,
y más hermosa quedó,

como mirar puede ser
el Sol al amanecer,
y cuando se enciende, no.
    Las ansias que me vinieron,
los rayos que me causaron,
los que en mis ojos entraron
y de sus cielos salieron,
Venus y Amor bien los vieron,
y aun las ninfas y pastores,
que, en mis trocadas colores,
dijeron: «Este hombre ha sido
de mortal veneno herido,
o muere de mal de amores».
    Hablaba Eurídice hermosa
con Venus sobre casarse,
sin poder averiguarse
cuál de las dos fue la diosa;
pero de la selva umbrosa
salió tan triste, que creo
que teme un triste himeneo;
o que si es este temor
de amor, la madre de Amor
no viene con su deseo.
    Yo, como pájaro amante
suele de una en otra rama
seguir la prenda que ama,
hasta que el arco le espante
y le fuerce a que no cante,
del cazador engañoso,
sigo su pie, donde airoso
las arenas estampó,
y cuando a su padre halló,
cesó mi canto amoroso.

Camilo   ¡Perdido estás!

Aristeo   No lo niego.

Camilo   Pues ¿cómo la servirás,
si aquí te quedas?

Aristeo   Tú irás,
Camilo, a mi reino luego,
y sin decir mi amor ciego,
entretén de día en día
mis vasallos; que podría
ser tan piadoso el amor
que naciese de este error
alguna ventura mía.

Camilo   Mucho sentirán no verte;
y si aquestas cosas van
a la larga, pensarán
que yo te he dado la muerte.

Aristeo   A Ulises, Camilo, advierte
tantos años desterrado,
y defendido su Estado
de una valiente mujer:
pues ¿qué puedo yo perder
en poco tiempo olvidado?

Camilo   ¿Y en este tiempo podrás
andar en aquesta selva?

Aristeo   Cuando en su pastor me vuelva,
podré conquistarla más.

Camilo   Tu valor ofenderás.

Aristeo   No haré, pues con más valor
                hicieron por el rigor
                que este veneno reparte,
                Júpiter, Mercurio y Marte,
                transformaciones de amor.
                   Parte y déjame; que quiero,
                sin ser fuego, cisne, toro,
                sátiro, ni lluvia de oro,
                ver la causa por quien muero.

Camilo   ¡Perdido te considero!

Aristeo   Yo confieso que lo estoy.

Camilo   A disculparte me voy.

Aristeo   Di que presto volveré.

Camilo   Y si tardas, ¿qué diré?

Aristeo   Di que de Eurídice soy.
(Vase Camilo.)   Pensaba la moral filosofía
                pintar de amor la fuerza, que el decoro
                pierde a los dioses, cuya flecha de oro
                los mayores planetas desafía,
                   en la transformación y fantasía
                del argentado pez y el rubio toro,
                o lloviendo las nubes el tesoro
                que el Sol engendra y que la tierra cría.
                   Pero mejor su fuerza se entendiera
                si el alma, y no los cuerpos, transformara,
                pues que su calidad y esencia altera,

que más encarecido amor quedara
si el alma, desasida de su esfera,
al cuerpo de quien ama se pasara.

(Sale Eurídice, ninfa, vestido corto, velos de plata plumas, calzadillos anti-
guos con listones, y Fílida, labradora.)

Eurídice   Esto Venus respondió.

Fílida   ¡Injusta tristeza!

Eurídice   Mira
que engañar con la mentira
no es de amigas.

Fílida   Pienso yo
   que en las cosas no entendidas,
asegurar la verdad
con daño, no es amistad.

Eurídice   Cuando mi tristeza impidas,
   si después ha de llegar,
verás que es entretener
el mal, que viniendo a ser
mayor, me puede matar:
   los sabios, que no se ciegan,
dicen, y han de ser creídos,
que los males prevenidos
son menores cuando llegan.
   Pues si yo prevengo el mío,
claro está que no será
tan grande llegando ya.

Fílida   Bella Eurídice, confío

en la piedad celestial
que el bien has de conseguir;
pero vuélveme a decir
de dónde infieres tu mal.

Eurídice
      Fílida: Venus, la diosa
de amor, a mi casamiento
este oráculo responde,
luego verás si le entiendo:
«Breve, gustoso, perdido.»
Pues si breve ¿cómo es bueno?
que el bien breve ya no es bien,
pues le sigue el mal tan presto.
Gustoso se sigue a breve:
aquí, Fílida, confieso
que puede ser con mi gusto,
y por breve le condeno,
después de breve y gustoso,
dice perdido: no creo
que perdido hay bien, pues ya
resulta más sentimiento
de perderle que fue gusto
adquirirle.

Fílida
      Yo interpreto
al contrario esas tres cosas,
y que me escuches te ruego:
breve casamiento, dice
que te casarás muy presto.
Gustoso, que lo ha de ser
siendo gallardo tu dueño.
Perdido, que lo estará
de amor por ti;
y si no es esto,

que otra ha de perderle acaso
si le ha tenido primero;
o que, en fin, le has de perder,
y esto es lo mejor que veo
en tus bodas, Eurídice;
porque si perdido es muerto,
morir primero el marido
no sé si es bien, pero pienso
que de morir la mujer
le viene menos provecho.

Aristeo   ¿Qué arroyuelo en noche fría
prendió descuidado el hielo,
y detenido en el suelo
calló su dulce armonía,
   como mirando quedaron
tu hermosura, detenidos,
Eurídice, mis sentidos,
y su ejercicio olvidaron?
   Mas que me engaño recelo
en la hermosura que vi;
que el Sol me detiene a mí,
y a los arroyos el hielo:
   porque al Sol que me procura
en sus rayos confundir,
puede el del cielo pedir
prestada luz y hermosura;
   y que es enigma recelo,
pues corren en su calor
los arroyuelos mejor,
y yo con el Sol me hielo;
   llegaré, porque perder
la ocasión no es discreción,
siendo ley de la ocasión

o tarde o nunca volver.

Eurídice

    ¡Ay, Fílida! ¿Qué es aquesto?

Fílida

¡Huye!

Aristeo

      Eso no: deteneos;
que no son cuerpos deseos,
para saberlos tan presto.
    Forastero y cazador,
por estas selvas perdido,
dice amor que me apellido.

Eurídice

Huye, que trata de amor.

Aristeo

    De amor de las fieras digo:
si lo sois, no os detengáis.

Eurídice

Finalmente, ¿qué buscáis?
porque sabed que me obligo
    de cualquiera cortesía.

Aristeo

A mí mismo voy buscando,
que me perdí desde cuando
os vi con tal gallardía.

Eurídice

    Dejad lo que en la ciudad
debe de ser gentileza,
o probaréis la aspereza
si decís la voluntad.
    Si son fieras, todo el monte
es fieras, roble y sabina,
hasta donde le termina
la raya del horizonte.

Si es fuente, de aquellas peñas
se despeñan cinco o seis,
que entre pizarras diréis
que a vuestra sed hacen señas.
    Si es poblado, en ese valle
hay dos o tres caserías,
que las mismas fuentes frías
os llevarán a buscalle.
    Si es gusto, no le busquéis,
porque tengo un gran disgusto,
y donde no tienen gusto,
no es posible que le halléis.

Aristeo   De fuentes, caza y poblado,
el poblado buscaré;
que el gusto ya no podré
si el disgusto os le ha quitado.
    Voy, aunque con mil enojos,
al poblado a descansar,
si descanso puedo hallar
ausente de vuestros ojos.

(Vase Aristeo.)

Fílida   ¡Buen talle de cortesano!

Eurídice   En irse lo fue no más.

Fílida   ¿De qué parecer estás?

Eurídice   De que me consuelo en vano
    si Venus ha respondido
a mi honesto pensamiento,
que será mi casamiento

breve, gustoso y perdido.

Fílida   Aquella sagrada selva
                    dividen cristales vivos
                    de un arroyo, que en invierno
                    hace que le llamen río.
                    Cubren su verde ribera
                    verdes álamos y alisos,
                    donde a coro le responden
                    las aves desde sus nidos;
                    donde habita el sabio Orfeo,
                    aquel músico divino,
                    que mueve a escuchar su canto
                    los árboles y los riscos.
                    Este, fuera de esas gracias,
                    es excelente adivino
                    de las cosas por venir;
                    consúltale, te suplico,
                    y sabrás de las palabras
                    que la madre de Amor dijo,
                    la sentencia verdadera.

Eurídice   Tu pensamiento confirmo;
                    que de la ciencia de Orfeo,
                    notables cosas me han dicho
                    pastoras de aqueste valle.

Fílida   Pues sígueme.

Eurídice   Ya te sigo;
                    que en una pena dudosa,
                    en suspender el juicio
                    hasta saber si lo es,
                    consiste el mayor peligro.

(Vanse. Salen Orfeo y Fabio, uno galán y otro criado.)

Orfeo   Toma, querido Fabio, el instrumento.

Fabio   Suspéndele, por Dios; que en este prado
                 los árboles te siguen, y en el viento
                 las aves a escucharte se han parado;
                 de aqueste río el líquido elemento
                 cubrió las ondas de silencio helado,
                 y te oyeron sus íntimos vecinos
                 debajo de doseles cristalinos.
                   Estaban los leones, y pintados
                 tigres, como de pórfidos de fuentes,
                 de tu divino canto transformados,
                 y suspensos los ojos transparentes;
                 hasta los elementos concertados
                 dejaron los enojos diferentes,
                 haciendo por tu dórica armonía,
                 con detener el Sol, mayor el día.

Orfeo   Fabio, mi voz no fuera tanta parte
                 como el cantar las alabanzas justas
                 de Júpiter, Mercurio, Apolo y Marte.

Fabio   Con la razón y la verdad te ajustas,
                 pagas la deuda a Dios, honras el arte,
                 cuando cantar sus alabanzas gustas;
                 que a Dios se deben primitivos dones
                 de los versos, la voz y las canciones.
                   Mas dime, ¿cómo a Venus (bella diosa
                 de amor y de hermosura) no has cantado
                 algún himno, algún verso, alguna prosa?

Orfeo   No la tengo por diosa en igual grado:
             del casto amor la madre generosa
             adoro, Fabio, y la de amor vendado
             tengo en desprecio ya, después que ha sido,
             no amor vendado, sino amor vendido.
                 La que engendra celestes pensamientos
             y a su contemplación las almas guía,
             celebrarán mis dulces pensamientos
             desde que nace hasta que muere el día;
             pero no gastaré cuerdas ni acentos
             con la Venus de Chipre, que solía
             dar precio a las mujeres, porque precio
             la libertad que les entrega el necio.
                 ¡Qué cosa es ver un amador perdido
             vivir fuera de sí y en cuerpo ajeno!
             Amor del matrimonio permitido
             conserva el mundo; lo demás condeno.

Fabio   Y fuera de él, ¿no sabes que ha nacido
             más de algún bueno?

Orfeo   No por eso es bueno
             aquel primero error.

Fabio   ¿Qué gente es ésta?

Orfeo   Las pastoras que a Venus hacen fiesta.

(Salen los músicos, baile, pastoras y pastores.)

Músicos   Zagalas del valle,
                 venid y veréis
                 coronar a Orfeo
                 de verde laurel.

Dantea   Pongo en tu cabeza,
                      músico divino,
                      este verde lauro,
                      de tus sienes digno.
                      Ninfas de este río,
                      venid y veréis.

Músicos   Coronar a Orfeo
                      de verde laurel.

Orfeo   Pastores y bellas ninfas
                      de aquesta sagrada selva,
                      muy obligado me siento
                      a vuestro amor y nobleza.
                      No tengo con qué pagaros
                      las honras de aquesta fiesta,
                      y aqueste verde laurel
                      de que adornáis mi cabeza,
                      sino es con la voluntad;
                      porque para tantas deudas,
                      ¿qué valor tendrán mis obras?

Celio   Si puedes, llega, Dantea,
                      y dile tu pretensión.

Dantea   Venus, madre de Amor bella,
                      todos los años nos da
                      por este tiempo respuestas:
                      Declárame tú la mía:
                      así para dulces cuerdas
                      jamás te falten los ríos
                      de darte simples culebras.
                      Mira, generoso Orfeo:

yo dije a Venus (¡qué necia
fue mi pregunta; mas vaya,
que no nací más discreta!):
«Venus, yo quiero un marido
que aquestas tres cosas tenga:
rico, sabio y amoroso.»

Orfeo   Y ¿qué te dio por respuesta?

Dantea   «Las dichas y las desdichas
             nacieron con las estrellas.»

Orfeo   Pues en tanta claridad,
             ¿qué tienes por cosa incierta,
             si en las estrellas consiste
             tener dicha o no tenerla?

Dantea   En fin, ¿no me dices nada?

Fabio   Yo te lo diré, Dantea.

Dantea   ¿Tú, Fabio?

Fabio   Pues ¿no soy yo
             pastor de alguna experiencia?

Dantea   No quiero tus desatinos.

Fabio   Si tú a la diosa le ruegas
             por marido rico y sabio
             (dos cosas raras y nuevas),
             y añades que sea amoroso,
             bien a tu pregunta necia
             responde, con que esa dicha

con las estrellas se engendra;
mira entre tantas cuál fue,
y pregúntaselo a ella;
que yo, con aconsejarte
que solo sabio le quieras,
pienso que hallarás con él
el amor y la riqueza;
porque un hombre, cuando sabe,
sabe mandar las estrellas.

Celio   Ahora bien, yo te pregunto...

Orfeo   Celio, di.

Celio   «Gran Citerea,
               (le dije a Venus) ansí,
               por más que el Sol lo pretenda,
               jamás tu cojo marido
               los hurtos de Marte sepa,
               que me digas si me ha hecho
               mi hermosa mujer Filena
               algún hurto.»

Orfeo   Y ¿qué responde?

Celio   Miróme, y dijo risueña:
               «Pregúntalo, Celio, al signo
               donde entra la primavera.»

Orfeo   Y ¿no sabes tú cuál es?

Celio   No, ¡por Júpiter!

Fabio   No creas

en signos.

Celio   ¿Por qué razón?

Fabio   Porque no hay quien los entienda.
                 ¿No ves que dicen sí y no?
                 Y esto te da por respuesta
                 el toro, porque en su signo
                 la primavera comienza.

Celio   Guarda la cara.

Tirsi   Pastores,
                 dad lugar que Tirsi pueda
                 preguntar.

Riselo   Llega y pregunta.

Tirsi   «Oráculo de estas selvas,
                 dije a Venus, más famoso
                 que las Délficas y Delias,
                 yo quiero cierta casada,
                 cuyo marido me cela,
                 y de la que yo la doy
                 jamás le ha pedido cuenta.
                 ¿Mataráme?»

Orfeo   Y ¿qué le dijo?

Tirsi   «Dentro asiste, y teme fuera.»

Orfeo   Quiere decir que hay galanes
                 a quien es justo que temas,
                 y que mientras dentro asistes,

no es posible que te ofendan.

Fabio

Bien haya el marido al uso
que finge celos, y deja
que su mujer tome y dé
para encarecer la venta.

Riselo

Pregunté, gallardo Orfeo,
a Venus, dulce sirena
de amor: «¿Qué haré para ser
famoso, que soy poeta?».

Orfeo

Y ¿respondió?

Riselo

               «Escribe oscuro.»

Orfeo

Pues ¿qué más clara respuesta?

Fabio

Es ansí, porque los versos,
quien no los entiende, piensa
que dirán que los entiende
si por buenos los celebra.
Hay tanta bachillería
en el mundo, que desprecian
lo que fácilmente alcanzan,
por extremado que sea.

Orfeo

Ahora bien, volveos, pastores,
y tú, Fabio amigo, cuelga
su verde laurel a Apolo
por lisonja de su pena.

(Vanse cantando.)   Zagalas del valle,
                venid y veréis
                coronar a Orfeo

de verde laurel.

(Salen Fílida. y Eurídice.)

Fílida   Ya le dejan.

Eurídice   Y ya
confieso que voy contenta
de ver tal hombre.

Fílida   Tu exenta
condición segura está;
  pero no hay ninfa en la selva,
en fuente o en árbol more,
que no le quiera y le adore.

Eurídice   Déjale que el rostro vuelva.

Fílida   ¿Qué temes?

Eurídice   Nunca pensé,
Fílida, que yo temiera.

Orfeo   Fabio, ya la primavera
pone en nuestra selva el pie,
  o por ventura la aurora,
celosa busca su esposo,
o por este bosque umbroso
la Luna el pastor que adora.
  No os recatéis, ninfa bella;
llegad, oíd, no temáis:
¿soy, por dicha, a quien buscáis?
¡Dichosa mi buena estrella!
  Y estimad este deseo;

que en mi vida sucedió
tal cosa por mí, pues yo
de mí mismo no lo creo.
    ¿Qué enmudecéis?, ¿qué miráis?
Nos enseñéis a hacer colores
con la vergüenza a las flores
que fugitiva pisáis.
    Que sois Venus he pensado,
que a castigarme salís
de aquel templo en que vivís
por el desprecio pasado:
    Señora, no os conocía;
mal hablé, dadme perdón.

Fílida   ¿Puede haber más confusión?

Eurídice   Sí, Fílida.

Fílida   ¿Cuál?

Eurídice   La mía.

Fílida   ¿Qué tienes?

Eurídice   Aún no he caído
en el mal que tener puedo;
pues tengo miedo del miedo
de decir lo que he sentido.
    Pienso que debe de haber
también basiliscos hombres.

Fílida   Llega a hablarle: no te asombres.

Eurídice   Si mata con solo ver,

  ¿qué espero de oírle hablar,
o qué vidas tengo yo,
pues una que Dios me dio,
ya me la pudo quitar?

Fílida   ¡Qué cierto de los desdenes
es dar en facilidades!
Mas si va a decir verdades,
disculpa, Eurídice, tienes;
 que a no haberte declarado,
lo que dices te dijera;
mas si estás de esta manera,
retiraré mi cuidado;
 que, cual suele el jugador
que vio la suerte primero
retirar presto el dinero,
quiero retirar mi amor.

Orfeo   Hablando están.

Fabio   Y de ti,
y la ninfa tan turbada,
que quiere, y no quiere nada,
y se va, y se queda aquí.

Orfeo   Hermosa ninfa, merezca
un hombre que aborreció
a cuantas mujeres vio,
que a vuestros ojos ofrezca
 desdeñosa libertad,
riguroso pensamiento,
por la novedad que siento
rindiendo la voluntad.
 No soy villano grosero:

destas selvas soy señor,
aunque ya esclavo de amor
después que os adoro y quiero.
     Orfeo, ninfa, es mi nombre,
aquel músico que un día
la celestial armonía
hizo que envidiase un hombre.
     No se atreve el mismo Apolo
a competir con mi mano;
a Júpiter soberano,
ninfa, reconozco, solo.
     Y sola vuestra hermosura
es la que conozco ya,
pues ninguna vida habrá
de vuestros ojos segura.

Eurídice   Yo soy, generoso Orfeo,
Eurídice; ninfa he sido
de Diana, que he tenido
solo el cazar por trofeo.
     De mi padre importunada,
palabra anoche le di
de casarme, aunque en el sí
no hay persona interesada.
     Fui al templo, y a Venus bella
consulté mi pretensión;
respondióme una razón
que hay tres enigmas en ella:
     «Breve, gustoso y perdido.»
¿Qué sientes de todas tres?

Orfeo   Lo breve, ya en mí lo es
si me quieres por marido;
     también, si a tu gusto soy,

podrás hallar la segunda,
y si en perdido se funda
tu pena, de amor lo estoy.
    Conque ya queda entendido
todo el oráculo ansí,
pues hallas marido en mí,
breve, gustoso y perdido.

Eurídice   ¿Conoces, dime, a Frondoso?

Orfeo   Sé que es un gran mayoral.

Eurídice   Ese es mi padre.

Orfeo   Es igual
tu ingenio a tu rostro hermoso;
    Pues con solo preguntar
si a tu padre conocía,
¿quieres, Eurídice mía,
que también le vaya a hablar?
    Yo lo haré; que pues las hados
nos conciertan de esta suerte,
seré tuyo hasta la muerte.
Montes, selvas, bosques, prados,
    que mi dulce voz y acento
celebrastes, y el rigor
con que me burlé de amor,
venid a mi casamiento.
    Vosotras, fuentes perenes,
de corriente siempre igual,
que con risa de cristal
murmurastes mis desdenes,
    cantad en vuestras arenas
por prados de flores llenos,

que aquellos ojos serenos
fueron para mí sirenas.
    Vamos, Fabio, ven conmigo;
ven conmigo, Fabio amado.

Fabio

¡Por Dios, que voy admirado!
Y casi confuso, digo:
    Tú, para todas cruel,
¿aquí tan blando? No creo
que nace de tu deseo;
veneno te han dado en él;
    Venus airada, el Amor,
su hijo, se han conjurado
contra ti, que has despreciado
su poder y su valor.

Orfeo

Fabio, si a Eurídice bella
me dan, ¿qué llamas agravio?
Ven conmigo; vamos, Fabio.

Fabio

Vamos, y con buena estrella,
    que alguna pena he tenido
de que dijese la diosa
que será de esposo, esposa,
breve, gustoso y perdido:
    lo breve, como hoy se acabe
el concierto con los viejos;
lo gustosa, no está lejos;
lo perdido, Dios lo. sabe.

(Vanse Orfeo y Fabio.)

Eurídice

¿Qué sientes de mi ventura?

| Fílida | Siento que estoy envidiosa. |

Eurídice   ¡Gran mudanza!

Fílida   ¡Rigurosa!

Eurídice   ¡Breve dicha!

Fílida   Y mal segura.

Eurídice   Anda, que no; que la dicha
busca al dueño.

Fílida   Así se nombra;
mas también tiene por sombra
el breve bien la desdicha.
     Cuando yo algún hombre veo
subir presto a gran fortuna,
témole desdicha alguna
y en la brevedad no creo.
     Y la causa de esto es,
si yo no me engaño en esto,
que ninguno subió presto
que afirmase bien los pies.

Eurídice   Fílida, yo tengo a Orfeo,
y sobre tanta ventura,
no tenga cosa segura
como lo esté mi deseo;
     porque sobre tanto bien,
¿qué puede haber que sea mal?

(Sale Claridano, pastor, viejo, y Aristeo, galán, de labrador.)

Aristeo

Para todo liberal
me hallaréis, padre, también;
    lo menos será el arado,
ni cosa en el campo veis
para que no me tendréis
valiente y ejercitado.

Claridano

    Seguro estoy, solo en ver
vuestra persona, que a todo
os tengo de hablar del modo
que los buenos suelen ser;
    con esto os he recibido
en mi casa tan contento,
que por hijo igual os cuento
a los hijos que he tenido;
    a quien tanto parecéis,
que en parte me consoláis.

Aristeo

Padre, no os entristezcáis,
pues que tal hija tenéis;
    que la gallarda y hermosa
Fílida, que ayer la vi,
en templo, en selva y en mí,
es deidad, es ninfa, es diosa.

Fílida

    Mi padre y un labrador
bajan del monte.

Eurídice

        Pues vamos,
Fílida, por estos ramos
a hablar de mi loco amor.

Fílida

    ¿Tan presto, Eurídice, tratan
tus deseos de amor? Bueno.

Eurídice   Sí, que el amor y el veneno
                  no lo son si tarde matan.

(Vanse Eurídice y Fílida, y salen Claridano y Aristeo.)

Claridano   Con esto, ya concertados
                  quedamos.

Aristeo   Mas quiero hacer
                  por vos; que pienso poner
                  en estos valles y prados
                     un ejército famoso
                  de abejas que labren miel.

Claridano   Si en este valle, si en él
                  asientas, pastor dichoso,
                     ese ejército, por ti
                  vendré a ser más estimado
                  que el mismo Apolo.

Aristeo   Este prado
                  me has de dejar todo a mí.
                     De estos alcornoques rudos
                  desnudaré las cortezas,
                  que con soberbias cabezas
                  no temen verse desnudos;
                     donde pondré las primeras
                  enjambres, que al alba hermosa,
                  con susurro y voz gozosa
                  irán marchando en hileras.
                     Vistiéndose de sus flores,
                  los prados despintarán,
                  y al aire parecerán

mariposas de colores.
   Formarán su arquitectura,
y en sus vasos el licor
que dio codicia al Amor
para hurtar tanta dulzura;
   aunque le picó una abeja,
y a su madre se quejó,
que de escuchar se vengó
su tierna, aunque injusta queja,
   diciéndole: «Tú también
eres pequeñito, Amor,
y das terrible dolor
cuando tratas con desdén».
   Finalmente, Claridano,
enriquecerte deseo.

Claridano   Mis brazos te doy; que creo
que no me agradaste en vano
   desde el punto que te vi;
con esto al monte me voy,
porque satisfecho estoy
que está mi cuidado en ti.

(Vase Claridano.)

Aristeo   Y mi cuidado, ¿en quién? Pero no creo
que estar pudiera en otro mi cuidado,
y aunque sin esperanza mi deseo,
en mi pecho más firme y abrasado:
¿quién dijera que el príncipe Aristeo
pudiera a tal mudanza haber llegado?
Pero ¿qué no podrá quien de los cielos
derriba dioses y los mata a celos?
   En forma de pastor, bella Eurídice,

sigo tu sombra, y tu hermosura adoro,
y espero al alba que tu Sol matice,
bañando, en llanto lo que baña en oro.
Tu rigor a tus ojos contradice,
tu esquiva condición a tu decoro;
prueba a querer; que el hielo, aunque mas pueda,
si no se llega al Sol, hielo se queda.
    Determinado estoy a no partirme
de aquesta selva hasta rendirte amando:
¿ves estas peñas? Pues yo soy más firme
esperando, sufriendo y conquistando;
no podrá de tus ojos dividirme,
ni julio ardiendo, ni diciembre helando;
ya soy pastor, ya guardo desvaríos
en las riberas de los ojos míos.

(Sale Eurídice.)

Eurídice   Amor, a quien jamás guardé respeto,
no parezcáis villano en la venganza,
pues eres dios, y es perdonar efeto
digno de quien tan alto nombre alcanza;
castigar mis desdenes te prometo,
y amar aunque me falte la esperanza;
perdona, Amor, que, a tu poder rendida,
te ofrezco el alma si me das la vida.
    No había visto yo mi amado Orfeo,
rebelde a tu valor y a mi hermosura,
ni su divina voz me dio deseo,
que la montaña enterneció más dura;
ya le vi, ya le oí; ya adoro y creo
tu gran poder; ya el alma le procura,
para dar de tus glorias testimonio,
si le merezco, en justo matrimonio.

Tratando están, iay Dios!, de los conciertos
mi padre y él. ¡Oh Júpiter piadoso!
Alma, Venus, haced que salgan ciertos,
pues él también pretende ser mi esposo;
selvas, montañas, prados y desiertos,
testigos de su canto sonoroso,
pedid al cielo...

Aristeo   Tente, y no le pidas.

Eurídice   ¡Ay, Eco, tú es posible que me impidas!
   Jamás goces en flores a Narciso,
ni su memoria en esta clara fuente.

Aristeo   La fuente enturbio ya, las flores piso,
con llanto y con buscarte diligente.

Eurídice   Pastor, cualquier que seas, yo te aviso
que soy ajena ya, si no me miente
el bien; que hasta aquel punto que se alcanza,
engaña con el gusto la esperanza.

Aristeo   ¿Sabes quién soy?

Eurídice   Pareces extranjero.

Aristeo   De mi patria y de ti, que por ti vivo,
en esta selva; dije mal, pues muero;
agora no, mientras tu luz recibo;
no mires en el hábito grosero;
de púrpura Real por ti me privo;
Aristeo es mi nombre, Tracia el reino,
donde, ausente de ti, dicen que reino.
   Matóme tu hermosura andando a caza

de fieras, que vengaste con ser fiera;
no tengo de volver a Tracia, traza,
sino es que tu piedad me estime y quiera;
en tu rigor la muerte me amenaza:
¡Ay, no permita tu piedad que muera!
Mejor que con el hombre que decías,
podrás conmigo...

Eurídice

    Tente: ¿qué porfías?
Antes que deje yo de amar al dueño
que ya tiene propuesta la esperanza,
la codicia tendrá segura dueño,
y discreta será la confianza;
no pienses que por loca te desdeño,
mas porque es imposible la mudanza.

Aristeo

¿Posible es que mujer ¡ay, Eurídice!
que es imposible la mudanza dice?
    ¡Qué mal hice en vestirme, para verte,
este rústico traje!

Eurídice

    ¿Qué importara?

Aristeo

Quien quiere al basilisco dar la muerte,
de espejos cubre brazos, pecho y cara;
si viniera vestido de esta suerte,
no me mataras tú, yo te matara;
que viendo tu hermosura desde lejos,
te mataras tú misma en mis espejos.
    Pero pues que mis ojos no han podido
en sus niñas, señora, retratarte,
dándome muerte el alma que has rendido,
será el espejo en que podrás mirarte;
allí verás que amor pintor ha sido,

y basilisco tú para matarte;
pues morirás mirando tu hermosura;
que el alma es inmortal, e irá segura.

(Vase Aristeo.)

Eurídice   No me puedo persuadir
que es este pastor quien dice;
deidad es, deidad parece;
temo; su poder me aflige;
pero aunque, como otra Daphe,
viese de Apolo seguirme,
antes laurel que traidora,
antes sin alma que libre.
¿Quién es la que tan ligera
salta, sin que apenas pise,
la margen de aquel arroyo?

(Sale Fílida.)

Fílida   Ya, venturosa Eurídice,
eres esposa de Orfeo,
que no hay hombre a quien no incline
su persona y su elocuencia,
que con los dioses compite.
Frondoso, tu padre, quiere:
sola mi envidia te impide;
mas si tú gozas el bien,
¿qué se te da que te envidien?

Eurídice   Fílida, ¿qué te daré
de albricias? Mas quien recibe
vida, ¿qué dará por ella?
Estas cintas carmesíes

tienen un retrato de oro
donde están Apolo y Clicie;
él en su carro de Sol,
y ella que, ya flor, le sigue.
Sin esto, el alma y los brazos,
y después haré que Tirsi
te dé en casa diez corderos,
que desde lejos son cisnes.
¿No respondes? ¿No te alegras?
¿Qué tienes? ¿De qué estás triste?

Fílida   De tu bien.

Eurídice   ¿De mi bien?

Fílida   Sí.

Eurídice   ¿Sí dices?

Fílida   Sí.

Eurídice   ¿Sí repites?

Fílida   Esto no te ofende a ti.

Eurídice   ¿Cómo que no?

Fílida   Ya lo dije;
que a un amor desesperado
esto y más se le permite.
Toma tu retrato y cintas;
que no quiero persuadirme
a que es bien tomar barato,
pues con ninguno, se mide

cuando pierdo el bien que pierdo.

Eurídice

Basta; no quiero reñirte
esas locuras en día
que las albricias me pides
del bien que temí dudoso,
y tú me le das tan firme.

(Vase Eurídice.)

Fílida

¡Si yo tuviere gusto, airados cielos,
descanso, paz, contento y alegría,
en tanto que vistiere el alma mía
estos cansados y mortales velos!
    ¡Que tenga más congojas y desvelos
que arenas de oro este arroyuelo cría,
y que mi desengaño y mi porfía
sigan mi amor, donde me abrasen celos!
    Tristezas quiero ya, no quiero engaños,
ni en las tormentas presumir bonanzas,
si el cuidado, mayor vencen los años.
    Tiempo, apelo de amor a tus mudanzas;
que más quiero morir con desengaños,
que no vivir con falsas esperanzas.

(Sale Aristeo.)

Aristeo

Cierto me dicen que es ya
y que concertados quedan:
¿De qué sirve preguntarla
después de cierta la pena?
Pastora, que Apolo guarde,
¿sabes tú si es nueva cierta?

Fílida   ¿Dices casarse Eurídice,
                        ninfa de esta verde selva?

Aristeo   ¿Adivinas, o respondes?

Fílida   Si no es ésta la respuesta,
                        es, por lo menos, pastor,
                        lo que yo pienso.

Aristeo   Bien piensas,
                        que lo mismo voy pensando;
                        y si de los dos se engendra
                        un pensamiento tan triste,
                        que será quiero que sepas
                        víbora de mis entrañas.

Fílida   Si que se case te pesa
                        Eurídice, a mí su esposo.

Aristeo   Mi mal el tuyo consuela.

Fílida   Ya se están dando las manos.

Aristeo   Los pastores hacen fiesta.
                        ¡Plega a los cielos, amén,
                        que se vuelvan en tragedia!

(Sale la boda: Frondoso y Claridano, viejos; Eurídice y Orfeo de las manos,
Dantea y los músicos.)

                        Desposado dichoso,
                        gozad la novia,
                        porque nunca Venus
                        fue tan hermosa.

(Sale Fabio.)

Fabio   Volved, mayoral Frondoso,
                  el alegría en tristeza,
                  porque Venus e Himeneo
                  asisten, las hachas muertas,
                  a las bodas de Eurídice.

Frondoso   Notable ruido suena.

Claridano   La pared adonde estaba
                  pintada Eurídice bella,
                  dio en tierra.

(Caiga por dos cordeles el retrato de la que hiciere la Eurídice, así, en pie,
arrimado al vestuario.)

Frondoso   ¡Válgame el cielo!

Orfeo   Venus, ¿que venganza es ésta?
                  Amor, ¿ya no estoy rendido?
                  Pero ven, no tengas pena;
                  que pues yo te llevo viva,
                  la tabla será la muerta.

(Vanse todos, y queden allí Aristeo y Fílida.)

Aristeo   Bien sé lo que significa.

Fílida   ¿Qué imaginas?

Aristeo   Que me deja
                  Orfeo aquésta pintada,

y que la viva me lleva.

Fílida   Hacerla quiero pedazos.

Aristeo   ¿Cómo, si por alto vuela?

(Tórnese el retrato a su lugar.)

Fílida   Como a toro me ha dejado,
pues pensando que pudiera
dar en la sombra del hombre,
doy con la frente en la tierra.

Fin de la primera jornada

Jornada segunda

(Sale Eurídice.)   Amor desconfiado,
                      de ti dicen que nadie ha tenido,
                      dichoso o desdichado,
                      sin celos, porque apenas al sentido
                      tocaron tus desvelos,
                      cuando son de tu Sol sobra los celos.
                         Yo sola, de tus iras
                      libre, amando salí libre me veo;
                      sospechas ni mentiras
                      no me han dado temor, ni apenas creo
                      que hay celos más que el nombre,
                      ni que los tiene la mujer del hombre.
                         Diga quien celos tiene:
                      ¿de qué manera son cuando atormentan?
                      ¿Cuándo su pena viene?
                      ¿De qué nacen y adónde se sustentan?
                      Y siendo infierno celos,
                      ¿por qué tienen el nombre de los cielos?
                      Adórame mi esposo
                      con tal pureza de alma y de sentido,
                      que ni él está celoso,
                      ni celos tengo de él, porque no han sido
                      tales nuestros amores
                      que puedan atreverse los temores.
                         Cuando la noche fría
                      el mundo baña en miedo, en hurto, en sombra,
                      amada esposa mía,
                      y otras veces también mujer, me nombra:
                      ¡Quién tan larga la hiciera
                      que dos siglos después amaneciera!
                         Y cuando el alba hermosa
                      las perlas que le hurtó liberal llueve,

y la encarnada rosa
en copas de coral aljófar bebe,
dice que en mí las mira,
y porque vio la luz del Sol suspira:
   En vida tan contenta,
¿qué puede haber que el alma que le adora
más tema, ni más sienta,
que ser corta la vida, pues agora
por gozarle quisiera
que fuera cuerpo el alma, y siempre fuera?

Fílida

   Si los jueces fieros
que en el infierno con rigor castigan
crueles y severos,
a quien jamás las lágrimas obligan,
hicieron fuego eterno,
celos, ¿cómo no estáis en el infierno?
   Quien dijere que pudo
amar sin celos miente claramente,
o es tan grosero y rudo
que las ofensas del amor no siente;
que quien sin celos ama,
no tiene honor y el de ser hombre infama.
   El cisne no permite
otro cisne en el agua donde nada,
ni que le solicite
otro amante su prenda: la sagrada
paloma, a Venus bella,
que como sabe amar, teme perdella.
   Yo muero de celosa,
mas no puedo estorbar a quien me quita
mi bien, por más dichosa,
que no le goce, aunque a morir me incita;
que el nombre de marido

tiembla el furor que abrasa mi sentido.
    ¿Qué importa, amado Orfeo,
que me consuma yo por gracias tantas
cuantas ve mi deseo,
cuando hablas, cuando escribes, cuando cantas,
si Eurídice, tu esposa,
mujer te quiere, como yo celosa?

Eurídice   Fílida, ¿tú estás aquí?

Fílida   Guárdente, ninfa, los cielos.

Eurídice   No sé qué te oí de celos,
¿es verdad que hay celos?

Fílida   Sí.

Eurídice   ¿Qué son celos?

Fílida   Un temor.

Eurídice   ¿De qué?

Fílida   De perder quien ama
el bien que tiene.

Eurídice   ¿Eso llama
celos la que tiene amor?

Fílida   Esto pienso.

Eurídice   Y ¿a qué efeto
teme quien ama perder
el bien?

Fílida   Porque puede ser,
          y así el temor es discreto.

Eurídice   ¿Cómo?

Fílida   ¿No puede mirar
          otra mujer lo que quieres?
          ¿No hay mil hermosas mujeres
          que le pueden agradar?

Eurídice   ¿Por qué, queriéndome a mí?

Fílida   Porque no todas las cosas
          de mil mujeres hermosas
          estarán juntas en ti.
             Si eres blanca, podrá ser
          que le agrade una morena:
          si eres compuesta y serena,
          tan bulliciosa mujer.
             Y aunque tú discreta seas,
          otra puede saber más,
          y hay gracias que no tendrás
          que se imaginan en feas;
             sin esto, lo que se tiene,
          suele no estimarse tanto.

Eurídice   De lo que dices me espanto.

Fílida   Pues de esto que digo viene
             a estar la propia mujer
          celosa de su marido,
          porque es un bien adquirido
          que no se puede perder.

Eurídice   Con no apartarme jamás
                  del bien que el cielo me dio,
                  no seré celosa yo.

Fílida   Más pienso que lo serás;
                     que si le oprimes, es cierto
                  cansarle, y el que se cansa,
                  en otra parte descansa.

Eurídice   De no dejarle te advierto.

Fílida   ¿Qué importa para ofenderte
                  con el pensamiento, y dar
                  tú en celos de imaginar
                  que es posible no quererte,
                     y querer a otra mujer?

Eurídice   Más claro verlo quisiera,
                  aunque celosa me viera.

Fílida   Pues no es difícil de hacer.
                     Tu esposo ayer, que salía
                  de tu casa al prado, vio
                  que de buenos aires yo
                  por el arroyo venía;
                     con las dos manos alcé
                  el faldellín tan igual,
                  que, al pasar, aun el cristal
                  no dio señas de mi pie;
                     pero diéronla sus ojos,
                  pues me dijo: «Pies tan bellos,
                  bien merecen que tras ellos
                  se vaya el alma en despojos;

menos ligeros quisiera
que en el arena saltaran,
para que estampa dejaran
donde la boca pusiera.
    Y así con deseos vanos
rogué al amor que depués
tropezaran vuestros pies
para que os diera las manos».

Eurídice   ¿Eso te dijo mi Orfeo?

Fílida   Esto me dijo.

Eurídice   ¡Ay de mí!
¡Muerta soy!

Fílida   ¿Siénteslo?

Eurídice   Sí.

Fílida   ¿Mucho?

Eurídice   Que morir me veo.

Fílida   ¿Tanto?

Eurídice   A la muerte me has puesto.

Fílida   ¿Es gran pena?

Eurídice   Es rigurosa.

Fílida   Pues eso es estar celosa.

Eurídice   ¿Esto es celos?

Fílida   No es más que esto.

(Vase Fílida. Salen Orfeo y Fabio.)

Fabio   ¿Tan contento estás?

Orfeo   Estoy
                     tan contento, Fabio amigo,
                     que es lo menos lo que digo
                     de lo que dichoso soy.
                         Si me acuesto, no querría
                     que el alba se levantase,
                     para que no me obligase
                     al ejercicio del día,
                         o pasase, ya que fue,
                     con tanta velocidad
                     que en la misma claridad
                     pusiese la noche al pie.

Fabio   ¡Qué venturoso casado!
                     Alguno conozco yo
                     que en una noche pensó
                     que ya era el mundo acabado.
                         Tan larga le parecía,
                     que, cuando el alba salió,
                     a un espejo se miró
                     por ver si canas tenía.

Orfeo   Sería la mujer fea.

Fabio   Sobre que era fea y fría,
                     algo de necia tenía.

Orfeo

    Fabio, no hay cosa que sea
      más extraña para mí,
    que a un amigo le sufráis,
    cuando muy necio le halláis,
    un año y muchos ansí.
      Que una grande calentura
    o algún terrible dolor,
    una noche, que en rigor
    parece que un siglo dura.
      Y que no tenga paciencia
    para sufrir un casado
    la mujer que Dios le ha dado:
    o falta honor o prudencia.

Fabio

      ¿Qué dolor o calentura,
    qué amigo necio se iguala
    a una mujer?

Orfeo

        La más mala
    servir y agradar procura,
      y, en fin, es propia mujer.

Fabio

    Eso es lo peor que tiene,
    porque todo el daño viene
    de no poderla perder.
      La calentura se quita
    curándola, y el dolor
    con medicinas, señor,
    que el médico solicita.
      Pero la propia mujer
    solamente con la muerte,
    porque es la cosa más fuerte
    que un hombre puede tener.

Orfeo   Bienaventurado el hombre
que halló mujer a su gusto,
sin ocasión de disgusto
y sin temor que le asombre.

Fabio   ¿Qué llamas temor?

Orfeo   De ser
celoso, un bien de los cielos
grande, y que no tenga celos
de su ofensa su mujer.

Fabio   No tendrá celos de ti
Eurídice, pues desprecias,
sean discretas o necias,
cuantas se pierden por ti.

Orfeo   ¡Ay, Apolo! ¿Cómo está
triste Eurídice? Mi bien,
¿no me habéis? ¿Qué es esto? ¿Quién
pena, mis ojos, os da
   y los vuestros entristece?
O ¿hacéislo, señora mía,
para que imagine el día
que vuestra luz le anochece?
¿Qué accidente padecéis?
¡Triste de mí! ¡Yo soy muerto!

Eurídice   Allá, del pie descubierto
de Fílida lo sabréis.

Orfeo   ¿Qué pie? ¿Qué Fílida? ¿Cuándo
a Fílida vi ni hablé?

Eurídice
Cuando le vistes el pie
el arroyuelo saltando.

Orfeo
	Celos o engaños han sido
si pensáis que yo la vi.

Eurídice
Ella me lo ha dicho aquí.

Orfeo
Pues ella lo habrá fingido
	para burlarse, mis ojos.

Eurídice
Dijístesle: «Pies tan bellos,
bien merecen que tras ellos
se vaya el alma en despojos;
	menos ligeros quisiera
que en el arena saltaran,
para que estampa dejaran
donde la boca pusiera.
	Y así, con deseos vanos,
rogué al amor que después
tropezaran vuestros pies
para que os diera las manos».

Orfeo
	¿Yo dije tal?

Fabio
		¿Ves, señor,
que no puede haber casado
que no viva, si es amado,
sujeto a tanto rigor?
	Mal haces, señora mía,
en creer una envidiosa
que, de tu gusto celosa,
poneros en mal quería.

    Las galas y el buen marido
envidia toda mujer;
por esto debe de haber
lo del arroyo fingido.
    Y pruébolo. Si le viera
el pie tu marido, Orfeo,
que no la alabara creo,
porque ayer en la ribera
    de ese nuestro humilde río,
una chinela dejó
con la fuerza que saltó,
que tiene pesado el brío:
    halléla, que aquel distrito
suelo pescar muchas veces,
con cuatro libras de peces
como si fuera garlito:
    llevéla a darle matraca,
y en albricias me dio el pie,
donde aquel cesto calcé
en una lengua de vaca.

Orfeo   iAy, Eurídice querida,
qué agravio a mi amor has hecho,
sabiendo tú que en mi pecho
sirves por alma a la vida!
    Deja esos vanos recelos,
envidia vil de los dos;
que no ha hecho gracias Dios
con que puedan darle celos.
    Envidiando tu hermosura,
de su cabeza sacó
este embuste quien pensó
darte el pesar que procura.
    Pero dice mi firmeza

que en vano su engaño es,
pues aunque entra por los pies,
ni tiene pies ni cabeza.
     ¡Si los vi, plega a los cielos
que me aborrezcas, mi bien,
y que mis celos te den
causa para darme celos!
     Estimo el verte celosa
si son señales de amor,
y vuelve con su rigor
la más tibia, más gustosa;
     pero no el ver sin razón
que mi inocencia...

Eurídice   No quiero
quererte sin que primero
me des más satisfacción.

Fabio   ¿Quieres que vaya, señor,
por la chinela que digo?

Orfeo   Mi Eurídice, ven conmigo:
verás si es firme mi amor.

Eurídice   Vamos; que ya mis desvelos
me muestran, a costa mía,
que sé lo que no sabía.

Orfeo   Pues ¿qué sabes?

Eurídice   Lo que es celos.

Orfeo   Ven, que la satisfacción,
te hará olvidar su pesar.

Eurídice   ¿Cómo los podré olvidar
                    después que sé lo que son?

(Vanse Eurídice y Orfeo.)

Fabio   No es posible que no sea
                    con causa quejarse aquí
                    Eurídice; yo. mentí,
                    que solo su paz deseo:
                       que chinela tan notable
                    en mi vida pienso vella;
                    ¡Si apenas cupiera en ella
                    el alma de un miserable!
                       Calcésela en las orillas
                    del arroyo en que la hallé,
                    y con andarle en el pie
                    sentí en las manos cosquillas;
                       no sé qué pueden tener
                    los pies para enamorar,
                    pues ni ellos saben hablar,
                    ni al que habla responder.
                       Mas no enamoran por vanos
                    cuando por la saya asoman;
                    que como los pies no toman,
                    quiérense más que las manos.
                       Orfeo debe de haber
                    con aquellos pies topado;
                    que esto de hablar de casado
                    melindres deben de ser.
                       Celoso estoy; que pues yo
                    la bella Fílida amé
                    cual figura por el pie,
                    lo mismo le sucedió.

No blasone ningún hombre
que amare, con posesión;
que los hombres hombres son,
y es la libertad su nombre.
    Aristeo, viene aquí;
¿cuánto va que me persigue,
sin que el enojo le obligue
con que ayer le respondí?

(Sale Aristeo.)

Aristeo   En tu busca, Fabio amigo,
                 ando desde hoy todo el valle.

Fabio   Para lo que tú me quieres,
                 es lo mismo no buscarme.

Aristeo   Ya no quiero que me quiera
                 aquella nueva Anaxarte,
                 aquella Daphe laurel,
                 y más ingrata que Daphe.
                 Volverme a mi reino quiero,
                 y solo quiero rogarte
                 que, porque en ausencia suya
                 no venga amor a matarme,
                 hagas de suerte que lleve
                 aquel retrato en que salve
                 la vida, como en el templo
                 de tan soberana imagen.
                 Daréte por él dos joyas
                 que valen cuatro ciudades,
                 aunque para su hermosura
                 menos que estas flores valen.
                 Como ella al Sol en belleza,

aquí vence al oro el arte,
lo falso a lo verdadero,
el relieve a los diamantes.
Dame, Fabio, este contento;
que quiero luego embarcarme
a Tracia, de donde quiero
otro presente enviarte
en que conozcas mi amor.

Fabio   Aristeo, no te canses;
ya ves que para ser hurto
es aquel retrato grande,
y que, echándose de ver,
era poco que me maten;
tras esto, como en las bodas
cayó en tierra y pudo alzarse,
está en más veneración
que los sagrados Penates;
si tú quieres uno mío
con que puedas consolarte,
yo te le daré; mas es
de mala mano.

Aristeo   ¡Que trates
mi amor, Fabio, de esta suerte!

Fabio   Ahora bien, para obligarte
una cosa quiero hacer,
para tu remedio fácil:
bien sé que me engañas.

Aristeo   ¿Cómo?

Fabio   En decirme que ausentarte

puede ser posible amando.

Aristeo   ¿No pueden, Fabio, forzarme
               los desdenes?

Fabio   Los desdenes
               detienen un firme amante.
               Si Troya se les rindiera
               en viendo las griegas naves,
               no ganara fama Aquiles
               ni los demás capitanes:
               diez años de resistencia
               dieron los hechos iguales
               al laurel de la victoria.

Aristeo   La verdad me persuades;
               pero dime tu consejo.

Fabio   ¿Conoces en este valle
               a Fílida, una pastora
               que cuando a la tarde sale,
               hay dos albas aquel día,
               con salir siempre a la tarde?

Aristeo   De vista no más.

Fabio   Pues oye:
               si Medea, Circe, Hecale
               y las demás hechiceras
               que historia y fábula saben,
               resucitaran agora,
               le rindieran vasallaje;
               es mujer que escribe letras
               en la Luna, tempestades

levanta en cielo sereno,
en los más tranquilos mares:
a la mujer más helada
que quiera, perdida hace,
a quien en su vida pudo
obligarla que le amase.
No hay diablo en el hondo abismo
seguro, como le llame;
luego, a ver lo que les manda,
del negro Aqueronte salen:
una vez azotó a uno.

Aristeo   ¿Cómo puede ser, si sabes
                 que son espíritus?

Fabio   ¡Bueno!

Aristeo   Pues ¿qué quieres?

Fabio   Que repares
                 en que es interior la pena.

Aristeo   Ahora bien, ¿qué podrá darme,
                 para remedio de amor,
                 Fílida cuando le hable?

Fabio   ¿Cómo qué? Hierbas, palabras,
                 versos, conjuros...

Aristeo   Pues parte
                 y tráeme a Fílida aquí;
                 que si puedo remediarme,
                 diez colmenas te prometo.

Fabio   Pues para desengañarte
               de que ya sabe tu intento,
               basta que a buscarte baje
               Fílida al valle.

Aristeo   Es verdad.

Fabio   Pues solo quiero dejarte;
               pero advierte, mayoral,
               que si es verdad, has de darme
               las colmenas prometidas.

Aristeo   Pocas son para pagarte.

Fabio   Estoy bien con las abejas,
               porque son muy semejantes
               a los ingenios que inventan,
               pues de varias flores hacen,
               con su trabajo y estudio,
               aquel licor tan suave.
               Y con los zánganos mal,
               que dicen que entre ellas nacen
               y la dulce miel les comen,
               porque estas bastardas aves
               parecen a los que hurtan,
               por mucho que lo disfracen,
               lo que los otros trabajan.

Aristeo   Ya llega.

Fabio   Apolo te guarde.

(Vase Fabio y sale Fílida.)

Fílida   Este es aquel amante de Eurídice
           tan desdichado como yo, que adoro
           a quien la adora.

Aristeo   Mucho contradice
           a la opinión que tiene su decoro.
           Pero si Fabio con piedad me dice
           que sabe el arte de olvidar, que ignoro,
           o el de querer, ¿qué más me importa? ¡Ay, cielo!
           ¿Qué temo? ¿Qué pretendo? ¿Qué recelo?
                Hermosa ninfa, a quien siempre responda
           fértil el trigo que en tus eras mides,
           y Baco tan copioso corresponda
           que lleguen al lagar las propias vides;
           y apenas con el tiro de la honda
           alcances en el monte que resides
           a la postrera oveja del ganado,
           tan ancho baje desde el monte al prado:
                yo soy un hombre cuyo nacimiento
           lejos de aqueste valle, es más honroso
           de lo que te promete el ornamento
           que disfraza mi intento cauteloso;
           en fin, un amoroso pensamiento,
           que basta que le entiendas amoroso,
           me ha detenido por aquestos sotos,
           que lleguen al lagar las propias vides;
                Apenas de Eurídice la hermosura
           vieron mis ojos, cuando ya casada
           la goza Orfeo, aquel cuya ventura
           no tiene reinos con su gusto en nada.
           Lloré, volvíme loco, y por la dura
           tierra arrojado, me halló el alba helada
           más de una noche, porque al fin le quiere,
           y no quiere que yo remedio espere.

Hame dicho un pastor, pastora mía,
que tú sola podrás, si puede alguna,
o quitarme esta loca fantasía,
o remediar tan áspera fortuna;
por ti, la condición más dura y fría,
más áspera, rebelde e importuna,
dicen que tierna y blanda quiere y ama,
y que quien ama, lo que amó desama.

¡Ay, Fílida gallarda! Si a los cielos
mueve un amante, imítalos agora:
o quítame este amor, o aquestos celos,
o de mi amor a Eurídice enamora,
o en ella siembra incendios, o en mí hielos.
Alábase tu ciencia vencedora
de aquel desdén, y ofreceré a tus ojos
almas, en vez de inciensos y despojos.

Fílida   Saber que te han engañado,
¡oh generoso Aristeo!
puede templar el deseo
de castigarte culpado.

¿Parécete que hay en mí
para tal oficio partes?
si yo sé de amar las artes,
del cielo las aprendí.

Los hechizos de allá vienen:
de ellos, Aristeo, me valgo;
que puesto que pueden algo,
es corto el poder que tienen.

No hay hechizo en la mujer
como merecer amor,
porque forzar lo interior
no sé cómo puede ser.

Con mal anda la hermosura,

y aun la edad, cuando se vale
de hechizos quien ya se sale
del mismo bien que procura.
   Amor, ¿qué pide? Otro amor;
pues si no es amor forzado,
claro está que no ha llegado
a conseguir su favor.
   No quiero, aunque bien pudiera,
enojarme, y la razón
es tu engaño y mi afición,
que la tuya considera.
   Si a Eurídice quieres bien,
yo me muero por Orfeo;
su esposa te da deseo,
y a mí su esposo también.
   Y aunque has venido engañado,
no ha de ser en vano ya;
que de tu engaño saldrá
remedio a nuestro cuidado.
   ¿No es hechicera quien sabe
hacer invenciones?

Aristeo   Sí;
y perdóname si fui
contra persona tan grave,
  mal informado de Fabio,
pastor grosero y burlón;
que es todo ingenio bufón
dispuesto a cualquier agravio.
   Bien sé yo que quien hechiza
no está de sí satisfecha;
la edad que ya no aprovecha,
busca el fuego en la ceniza.
   Pero quien fía de sí

lo que puede enamorar,
basta dejarse mirar
como yo te miro a ti.
   Amanecer a la aurora
una mujer afeitada
de jazmín y de encarnada
rosa, altamente enamora.
   La que se acuesta clavel,
y lirio azul amanece,
busque hechizos, pues merece
que la aborrezcan por él.
   Pero pues es justo dar
nombre de hechicera a quien
hace una invención, ya es bien
que te lo pueda llamar.
   Gustos, melindres, amores,
regalos y niñerías,
en las noches y en los días
son los hechizos mayores.
   Haz, Fílida, pues que sabes,
para los dos, pues pasión
propia te obliga, invención
con que nuestra pena acabes.

Fílida	Vete hacia el templo de Apolo, digo, de Venus; que allí la llevaré.
Aristeo	¡Cómo!
Fílida	A mí su amor da crédito solo; diréle que quiere hablarme su esposo; celosa irá;

saldrás: el lugar está
lejos.

Aristeo   No hay más que informarme;
voy a esperarla.

Fílida   Camina.

Aristeo   Ahora duélete de mí;
y pues por ti me perdí,
tu mano piadosa inclina.

(Vase Aristeo.)

Fílida   Ella baja. ¡Qué ventura!

(Salen Eurídice y Dantea.)

Eurídice   Vuelve, Dantea, al lugar,
porque será no le hallar
para mí gran desventura.

Dantea   ¿De dónde se desató
el retrato que perdiste?

Eurídice   De aquestas cintas. ¡Ay, triste!

Dantea   ¿No le echaste menos?

Eurídice   No.

Dantea   Consuélate con que el vivo
ya no te puede faltar.

Eurídice

No me puedo consolar
del disgusto que recibo.
  Cuenta las hierbas, las flores;
que entre ellas se habrá escondido.

Dantea

Yo voy.

Fílida

¿Qué te ha sucedido?

(Vase Dantea.)

Eurídice

Desdichas, siempre mayores,
  pues he topado contigo.

Fílida

Mal me debes de querer.

Eurídice

Por fuerza te he de tener
por el mayor enemigo.

Fílida

  ¿No era yo tu grande amiga.

Eurídice

Sí, Fílida; pero es cosa
el enseñarme a celosa
que aborrecerte me obliga.

Fílida

  ¿No ves que aquello fingí
para enseñarte los celos?

Eurídice

¡Oh, cuán a mi costo, ¡cielos!,
tus lecciones aprendí!
  Mas no puedo persuadirme
a que no me engañe Orfeo.

Fílida

No me meto en su deseo;

yo sé que soy siempre firme.

Eurídice   Dime, pues me has enseñado
esto que nunca supiera,
¿quiérete bien?

Fílida   No quisiera
darte, Eurídice, cuidado.
Orfeo me quiere bien;
tú eres mi amiga; ¿qué importa?

Eurídice   No cuando mi vida acorta,
y mi esperanza también.
Pero yo, ¿por qué te creo?

Fílida   En llegando a imaginar
que yo te puedo engañar,
se correrá mi deseo.

Eurídice   ¿Cómo podré yo saber
que te quiere?

Fílida   Ven conmigo
para que seas testigo,
que es lo más que puedo hacer.

Eurídice   ¿Adónde?

Fílida   Bien cerca es;
donde dijo que vendría
a buscarme.

Eurídice   ¡Y me decía
que nunca te vio los pies!

      ¡Ah, traidor, no hay que fiar!
Llévame contigo.

Fílida   Es cosa
injusta.

Eurídice   Ya estoy celosa;
que no era posible amar
sin celos; miente quien ama
si dice que no los tiene;
que apenas al alma viene
el amor, cuando los llama.
    Celos no son diferencia
de amor, que en todo rigor
sustituyen al amor,
si no son su misma esencia.
    Pero pues estos enojos
a él le entraron por los pies,
aunque la muerte me des,
éntrenme a mí por los ojos.

Fílida   Ahora bien, vamos; que quiero
hacer dos cosas injustas,
pues que tú de entrambas gustas,
previniéndote primero:
    Una en serle desleal,
y otra en pagar mal su amor.

Eurídice   No es justo por un traidor
decir de los hombres mal;
    pero si por tales modos
hombre me pudo ofender,
¡viven los cielos, de ser
fuego que los queme a todos!

(Vanse, y salen Aristeo y Camilo.)

Aristeo   ¡Extrañas nuevas son!

Camilo   A mí me pesa
                 de ser el portador; más no cumpliera
                 con mi lealtad, señor, si no viniera.
                 Albante se levanta con tu reino,
                 ya es rey de Tracia Albante, y con violencia
                 hace que le obedezcan tus vasallos;
                 entró por la ciudad con mil caballos
                 y cuatro mil infantes, bien seguros
                 de tal traición los mal guardados muros,
                 y apoderóse del alcázar luego,
                 jurando de llevar a sangre y fuego
                 el reino todo: huyeron tus amigos
                 para no ser de tal maldad testigos;
                 y él, viendo que era ya señor de todo,
                 vistió de sus escudos y pendones,
                 plazas, ventanas, casamatas, fuertes,
                 palacios, templos, naves, que aún almenas
                 hizo de sus banderas sus entenas.

Aristeo   ¿Hay tal maldad, hay caso tan extraño?
                 ¡Que Albante tuvo tal atrevimiento!
                 ¡Que Albante fue traidor a mi corona!

Camilo   Señor, como a la ausencia llaman muerte,
                 por muerto te ha tenido en esta ausencia;
                 no le faltan amigos: que el delito
                 fundado en interés, oro o gobierno,
                 siempre halló compañía, siempre amparo.

Aristeo
No puedo responderte, aunque reparo
en que la dilación dañarme puede,
por quien mil veces mayor mal sucede,
y es porque estoy en ocasión agora
del premio que mi amor alcanzar trata
de la mujer más bella y más ingrata.

Camilo
¿Ingrata en tanto tiempo?

Aristeo
      ¿Tú imaginas
mujer humana?

Camilo
      No, las hay divinas.

Aristeo
Casóse cuando apenas te partiste.

Camilo
Pues ¿qué es lo que casada pretendiste?

Aristeo
Lo que agora la industria me promete.

Camilo
¡Que amor a tantos daños te sujete!

Aristeo
Por este valle abajo, entre unos juncos,
pasa un arroyo, cuya limpia balsa
del agua mansa, en apariencia falsa,
parece con los lirios y espadañas,
con la igualdad de las menudas cañas,
de terciopelo verde, fondo en plata;
pues vete, y en la margen que remata
aguárdame sentado mientras vuelvo
con la victoria o con mayor desdicha.

Camilo
Amor te dé, señor, o seso, o dicha,
aunque suele quitar entrambas cosas;

que no quiero, aunque es justo, replicarte
que sé de coro de servir el arte,
y sé la obstinación de los que aman,
que los consejos de su bien desaman.

(Vase Camilo, y salen Eurídice y Fílida.)

Eurídice   Tarda Orfeo.

Fílida   Habrá venido.

Eurídice   Tú me debes de engañar.

Fílida   Para tanto sospechar,
                 mucha paciencia he tenido.

Eurídice   ¡Ay, Fílida, no te quejes,
                 pues me enseñaste a celosa!

Fílida   Quiero dejarte quejosa.

Eurídice   Más lo estoy de que me dejes.

Fílida   ¿No has visto que el cazador,
                 porque dé en la red la caza,
                 la de otra parte amenaza
                 y así la coge mejor?
                   Pues voy aquella alameda,
                 porque, si me aguarda allí,
                 venga a la red y dé en ti.

(Vase Fílida.)

Aristeo   ¡Victoria, si sola queda!

Pero en vano me adelanto
con la victoria; que, en fin,
dicen que se canta al fin,
y yo al principio la canto.

Eurídice   En notable confusión
me ha puesto Fílida, cielos,
pues desengaños de celos
mayores engaños son.
   No siento pasos, ni veo
cosa en tanta soledad,
indicio de la verdad
que teme y busca el deseo.
   Verdad que el sentido ofusca
para que se hiele y queme,
pues la busca quien la teme,
y teme hallar lo que busca.
   ¿Para qué averiguo insultos?
Celos, si no os quiero hallar,
¿para qué os vengo a buscar?
Mejor estaréis ocultos.
   Una sombra he visto allí,
si es justo darle este nombre
al cuerpo; mas siendo de hombre,
todo es sombra para mí.
   Él se esconde en la arboleda.
¿Si es mi esposo? Él es. ¿Qué espero,
si de ver me desespero
que a Fílida esperar pueda?
   Llegaré determinada
aunque me quite la vida;
que una mujer ofendida,
ni teme fuego, ni espada.
   Traidor esposo, ¿qué importa

que estos álamos y fresnos
hagas capa, con que dejes
ciego el toro de mis celos,
si ellos en ti, y en los troncos...
¿qué es esto, cielos?

Aristeo   Que el cielo
te trujo a esta soledad
para mi bien y remedio.
Aristeo soy; ¿qué miras,
pues al Príncipe Aristeo
has convertido en pastor,
y en tosco cayado el cetro?
Por ti mi reino he perdido,
pues ya me ha quitado el reino
un traidor: espera, escucha.

Eurídice   El traidor en ti le veo
para el reino de mi honor,
que más que el tuyo le precio.
¡Viven los dioses, que ha sido
de la vil Fílida enredo
traerme a la soledad,
donde tu violencia temo!
Pero primero la vida,
y dos mil vidas primero
perderá mi honor constante,
que te alabes...

Aristeo   Quedo, quedo;
que ya no puedo sufrir,
Eurídice, tus desprecios.
¿Qué milagro te parece
agora en el mundo nuevo,

que se rinda una mujer,
o con fuerzas o con ruegos?
¿Quién es Orfeo, tu esposo?
¿Por dicha es Marte soberbio?
¿Es Júpiter? ¿Es Apolo?
¿No es un hombre? ¿No es Orfeo?
¿No soy Rey de Tracia yo,
que, fuera de esto, merezco
por mí mismo y por mi amor,
más que ese músico necio?
Si él sabe cantar, yo sé
llorar en el instrumento
del alma; si él versos hace,
yo sé también hacer versos;
si él mueve piedras cantando,
por eso le tengo en menos,
pues, sin ser animal ni hombre
las piedras mueve el dinero.
Y para que a ti te mueva,
una nave te prometo
con todo el casco de plata,
sin otra madera o hierro
desde la popa al bauprés,
y en vez de jarcias y lienzos,
chafaldetes, trizas, trozas,
brandales y racamentos,
oro y seda, cuyos cabos
tremolen de perlas llenos.
Diana, esa diosa casta,
quiso a Endimión, y vemos
que hoy día en el monte Lathmo
le baña en profundo sueño:
y la causa por que hizo
a Anteón forma de ciervo,

fue para que no contase
que vio desnudo su cuerpo:
mira lo que en estas selvas
lloró por Adonis Venus.
Diosas eran, tú mujer;
deja los vanos trofeos
del honor, que es invención
del mundo, y un vil decreto
de los hombres, que se pierda
el hombre a mujer sujeto,
y no la mujer, si el hombre
pone en otra el pensamiento.
Pienso que admites mi amor,
porque dice tu silencio,
que te vence mi razón.

Eurídice   Mirando tu atrevimiento,
perdí para responderte
la lengua; y aunque me veo
lejos de mi amado padre,
de mi dulce esposo lejos,
estoy cerca de quien soy,
y de lo que soy me acuerdo:
¡Vete, infame; que si pongo
una flecha al arco...!

Aristeo   Pienso
que quieres darme ocasión
al más riguroso medio.

Eurídice   Si te apercibes, advierte
que nunca mis pies ligeros
fueron vencidos. ¡Diana,
favor!

Aristeo   ¡Detenedla, cielos!
                Eurídice, ¿dónde vas?
                Cristalinos arroyuelos,
                en mares os convertid,
                mis ojos podrán hacerlos.
                Peñascos, poneos delante,
                hechos volcanes de incendios,
                porque una mujer de nieve
                detengan montes de fuego.

(Sígala, y Eurídice salga por la otra parte.)

Eurídice   Sagradas ninfas, que fuisteis
                desde vuestros años tiernos
                compañeras de Diana,
                dando vuestros pies ligeros
                de puntapiés a los aires,
(Haga que corre.)   que se vengaba en los velos;
                vosotras, que a todas fieras
                con los lustrosos aceros
                del venablo no temistes,
                antes el oro sangriento
                daba indicios del valor
                y del varonil esfuerzo,
(Caiga.)   valed... ¡Ay, triste! ¡Ay de mí!
                ¿Qué está en la hierba, qué es esto?
                ¡El pie me ha mordido un áspid!
                ¡Ya discurre su veneno
                al corazón! ¡Muerta soy!

Aristeo   ¡Bien haya el piadoso suelo
                que te detuvo, Eurídice!
                Pero, ¿qué esto que veo?

Las rosas de las mejillas,
cándido jazmín se han vuelto;
los claveles de los labios,
bañó temeroso hielo:
Eurídice, iay, triste! iUn áspid
ya por las hierbas corriendo,
sin duda mordió sus pies!

(Salen Fabio y Orfeo.)

Fabio   Por aquí dijo Fileno
               que le vio bajar al valle.

Orfeo   Aquí suenan tristes ecos.

Fabio   Allí se queja un pastor:
               ¿Qué esto, amigo Aristeo?

Aristeo   Bajando de la montaña,
               adonde sabéis que tengo
               las más guardadas colmenas,
               oigo en una voz: «iAy, muerto!».
               Tan tiernamente que el aire
               fue piedra imán del cabello,
               y el corazón alterado,
               llamó a la puerta del pecho.
               Miré a la voz el origen,
               y vi, iay, Dios!, que de ella el dueño...
               Llegad, que para decirlo,
               ni lengua ni vida tengo.

(Vase.)

Fabio   Fuese.

Orfeo   Miremos quién es.

Fabio   ¡Tu esposa!

Orfeo   ¿Qué dices?

Fabio   Veo
su vestido, y no su rostro.

Orfeo   ¡Ay, Fabio, aquí está su cuerpo,
aquí mi Sol eclipsado,
y su hermosura en el cielo!
¡Eurídice!

Fabio   Con tu voz
parece que cobra aliento.

Eurídice   ¿Eres mi esposo?

Orfeo   Yo soy.
Pues mi Eurídice, ¿qué es esto?

Eurídice   Mordióme un áspid el pie
por esas selvas huyendo...

Orfeo   ¡Triste de mí!

Eurídice   Del rigor
de un hombre.

Orfeo   ¡Extraño suceso!

Fabio   Señor, mira que estos males

quieren aprisa el remedio.

Orfeo

¡Ella se me muere, Fabio!

Fabio

Pues haz que tus brazos presto
la lleven al sabio Alcino.

Orfeo

Vida mía, ¿quién te ha muerto?

Eurídice

Tus celos, esposo mío.

Orfeo

¿Mis celos, mi bien?

Eurídice

      Tus celos.

Orfeo

¿Cuándo o cómo?

Fabio

      No responde.

Orfeo

Yo voy; pero aunque la llevo
muerta, ella me lleva a mí,
que voy en sus brazos muerto.

Fabio

¡Oh, buen áspid, si nacieran
muchos que mordiesen luego,
no digo las que me escuchan,
sino las que mal me han hecho!

Fin de la segunda jornada

Jornada tercera

(Salen Fabio, Celio, Tirsi y Dantea.)

Celio   Huye, Fabio, por aquí.

Fabio   Será terrible rigor;
                 que en huir de mi señor
                 me mandas huir de mí.

Tirsi   Mientras parece locura,
                 puedes temer un agravio.

Dantea   Siente justamente Fabio
                 tan notable desventura.

Fabio   La tragedia lastimosa
                 de la muerte de Eurídice,
                 pide amor que se eternice
                 por obligación forzosa:
                   en Orfeo, de perder
                 el seso; en mí, de sentir.

Dantea   ¡Que en fin viniese a morir!

Celio   Decreto debió de ser
                   de los dioses y los hados,
                 porque Alcino la aplicó
                 hierbas con que imaginó
                 dar vida a jaspes helados.
                   Su castidad, agradable
                 al cielo, mostró piadoso
                 con un lirio blanco, hermoso,
                 de forma tan admirable,

que las hojas argentadas
en las de esmeralda abrió,
y con líneas dividió
de oro luciente esmaltadas.

Dantea   Pues ¿de dónde le salía?

Celio   Del pecho, a quien los pastores
cubrieron de cuantas flores
la primavera tenía.

Fílida   ¿Si es éste Orfeo?

Dantea   No aguardo
su locura y sentimiento:
huye, Tirsi.

Tirsi   Soy el viento.

Fabio   Aguardo, porque fe guardo.

(Todos huyen; Fabio quede, y sale Orfeo.)

Orfeo   Selvas, que a los acentos de mi canto
con ecos siempre alegres respondistes
cuando me fue piadoso el cielo santo,
    agora, si la causa conocistes
de mi dolor preciso y lastimoso,
llorosas repetid mis voces tristes:
    yo soy aquel amante, aquel dichoso
que mereció llamarse de Eurídice,
para tan breve tiempo, dulce esposo.
    ¡No sé quién sigue a amor; no sé quién dice
que es éste el mayor bien de los mortales,

por más que sus venturas solemnice:
   iAy, nunca yo para desdichas tales
gozara venturoso tantos bienes
si habían de parar en tantos males!

Fabio
   Quiero llegar, señor.

Orfeo
      iAy, Dios!

Fabio
         ¿Qué tienes?

Orfeo
¿De dónde vienes, Fabio? ¿Qué preguntas,
tan bárbaro, mi mal? ¿De dónde vienes?
   Tengo en el alma cuantas penas juntas
en el mundo inventaron los tiranos,
las esperanzas de mi bien difuntas,
   y tengo tantos males inhumanos,
que pienso que de mí, como veneno,
huye la muerte de poner las manos.
   Mas dime, Fabio, aqueste prado ameno,
¿no te acuerdas que estaba en aquel monte,
y aquel undoso mar de flotas lleno?
   ¿No te acuerdas que todo el horizonte
cubrían puras fuentes cristalinas?
Advierte, antes que Febo se transmonte,
   como cubierta de esmeraldas finas
Eurídice, que es ya cándida aurora,
corre a sus rayos de oro las cortinas.
   ¿No la ves? ¿No la ves? Dile: Señora,
¿por qué dejas tu esposo de esa suerte?

Fabio
No replicarle es más cordura agora:
   señora, ¿por qué dejas a la muerte
a tu querido esposo? ¿Cuál agravio

pudo jamás quien te adoraba, hacerte?

Orfeo   Bien dices, Fabio. ¡Oh, mi querido Fabio,
cómo muestras en esto ser amigo!
Nunca en su ofensa se movió mi labio:
    ¿Por qué me das, mis ojos, tal castigo?
Eurídice se fue, ya me ha dejado:
llorad, montes, llorad, llorad conmigo.

Fabio   Señor, si está por dicha en aquel prado,
vamos allá.

Orfeo   No hará, que de las flores
tendrá temor.

Fabio   ¿Por qué?

Orfeo   Muerte le han dado.
    Claveles que envidiaron sus colores,
su blancura jazmines y mosquetas,
que celos quieren mal, si bien amores,
    ¿criaron en las hojas más secretas
aquel áspid cruel, si no le mueve
la fuerza superior de los planetas,
    que a su divino pie mordió la nieve?
¿Qué bañó de coral cinco azucenas,
a quien apenas el amor se atreve?
    ¿Que en el rubí de sus preciosas venas
hizo su diente bárbara sangría,
temblando Amor, que le miraba apenas?
    ¡Que no puse por venda el alma mía!
¡Oh, cómo justamente me castigo
de aquella ingratitud y tiranía!
    Llorad montes, llorad, llorad conmigo.

Fabio   Señor, descansa un rato.

Orfeo   ¿Qué es descanso?
              ¿Tú, Fabio, contra mí? ¿Tú mi enemigo?
                  ¿Yo vivo, muerta Eurídice? ¿Yo canso
              el cielo con suspiros cuando hay muerte?
              ¿Por qué me das aliento, viento manso?
              Árboles, ¿qué miráis de aquesta suerte?
              ¡Viven los cielos, que me sois traidores!
              ¡Oh, sauce vil, pedazos quiero hacerte!
                  No, no es posible, ver entre las flores,
              desde el balcón de vuestras verdes ramas,
              el áspid que dio muerte a mis amores:
                  y tú, casto laurel, que el nombre infamas,
              ¿por qué no le avisaste a mi Eurídice?

Fabio   ¡Pastores, ah, pastores!

Orfeo   ¿A quién llamas?

Fabio   A quien tu triste llanto solemnice.

Orfeo   ¡Perro, ya te conozco: morir tienes!

Fabio   Deja el cuello, señor; yo, ¿qué te hice?

Orfeo   Yo sé que eres el áspid, y que vienes
              a matarme también; toma la planta.

Fabio   ¡Ay, que me ha muerto!

Orfeo   Dame aquí mis bienes,
                  dame de mi Eurídice el alma santa,

pues le mordiste el pie.

Fabio

       ¿Yo la he mordido?
Tú engaño testimonios me levanta.

Orfeo

    Yo no te vi; que estabas escondido
debajo de una higuera.

Fabio

       Si yo fuera,
dejara el pie más limpio y más pulido,
  y los higos más sucios me comiera:
mira que no soy yo, suéltame un poco.

Orfeo

Por morder aquel pie, ¡quién áspid fuera!
   ¡Yo quiero ser el áspid!

Fabio

        ¿Estás loco?

Orfeo

Mordámonos los dos.

Fabio

      ¿Somos poetas?

Orfeo

¡Musas, pues yo lo soy, aquí os invoco!

Fabio

    Aun eso está en razón; busca perfetas
figuras de decir con lengua clara,
pues tus mismos conceptos interpretas.

Orfeo

   Las musas se me huyeron.

Fabio

        ¡Quién pensara
que se fueran de un triste! Son mujeres
gente que solo en interés repara.
  Llámalas con dinero si las quieres;

enséñales la bolsa.

Orfeo

Faltó el arte.

Fabio

Pues sin arte, señor, no perseveres,
   que de los versos es la mayor parte,
si bien el natural entró primero.

Orfeo

Eurídice, ¿qué haré para cobrarte?

Fabio

   Señor, ya es sin remedio tu mal fiero.

Orfeo

Fabio, ¿no son las almas inmortales?

Fabio

Eso es sin duda.

Orfeo

   Pues cobrarla espero:
y ¿adónde van después que los mortales
despojos dejan?

Fabio

   Todos los que escriben,
filósofos y sabios naturales,
   dicen que en el infierno las reciben,
y que pasando de Aquerón la barca,
en los Campos Elíseos después viven.

Orfeo

   Pues yo quiero, primero que la Parca
el hilo corte a mi vital gobierno,
ir a buscarla si Carón me embarca;
   que cantando a las puertas del infierno,
pienso mover su rey inexorable;
cantando alegraré su llanto eterno.

Fabio

   Tú serás el marido más notable

que haya tenido el mundo, pues que quieres,
una vez muerta tu mujer amable,
   volverla a ver.

Orfeo   Y tú el más necio eres;
que sus muertes se deben con mil vidas
comprar cuando son buenas las mujeres:
   toma luego el camino, y no me impidas.

Fabio   ¿A qué ciudad te partes?

Orfeo   Yo gobierno,
y sirves tú.

Fabio   Cuando lo justo pidas,
bien sé que es de amador afecto tierno;
pero ¿cuál hombre ha dicho a su criado:
toma luego el camino del infierno?
   ¿Soy yo logrero? ¿Vendo vino aguado?
¿Echo yo en azafrán hebras de vaca?
¿Juzgué cosa jamás mal informado?
   ¿Fingíme santo yo con la matraca
de lo exterior? ¿Robé la hacienda ajena?

Orfeo   Fabio, de tu flaqueza fuerzas saca;
   que yo tengo de ver la infernal pena.

Fabio   Déjame despedir, sepa un amigo
que voy, no sé si diga a tierra ajena.

Orfeo   Aquí te aguardo.

Fabio   A grande mal me obligo.

(Vase Fabio.)

Orfeo   Presto te pienso ver, querida esposa:
               llorad montes, llorad, llorad conmigo.

(Sale Fílida.)

Fílida   No ha nacido mujer más venturosa.
               Aquí está Orfeo.

Orfeo   Ya no habéis de oírme
               sin Eurídice, monte y selva umbrosa,
               hasta que me llaméis marido firme.

Fílida   Quisiera, divino Orfeo,
               como te di el parabién
               darte el pésame también
               de la desdicha que veo;
               pero de tu ingenio creo,
               y de tu heroico valor,
               que sabrás templar tu amor
               aunque instrumento del alma,
               porque vencerse en la palma
               y la victoria mayor.
                   Eurídice muerta yace
               mordido aquel blanco pie
               que a las estrellas se fue
               donde ay como Sol nace;
               y aunque justamente hace
               tu amor aquel sentimiento
               digno a su merecimiento,
               no es de discretos buscar
               lo que solo puede hallar
               perdiéndose el pensamiento.

Vuelve los ojos a ver,
porque tu tristeza impida,
una mujer que se olvida
por ti de su mismo ser;
ya no se puede querer
lo que una vez se perdió:
hállame a mí, porque yo
pienso que podré olvidarte
de Eurídice. con amarte,
pero las tristezas no.

Orfeo   Algo olvidado de mí
a fuerza de mi dolor,
que ya sabes de mi amor
el alto bien que perdí;
deseo saber de ti
quién eres; que si mi canto
movió a las fieras a espanto,
puede ser que alguna seas,
o peña que dar deseas
ecos a mi triste llanto.
    ¿Eres tigre, eres león,
eres árbol, o quién eres?

Fílida   Siempre tú con las mujeres
tuviste esa condición,
para ti todas lo son;
pero Fílida merece
lo que tu amor no agradece;
que, fuera de ser quien soy,
hago mucho, pues que doy
el alma a quien me aborrece.
    No hay en la selva quien pueda
enriquecer tu deseo

de más oro y plata, Orfeo,
ni mayor nobleza hereda;
pues cuando con esto exceda
a cuantos hoy tiene el valle,
y después de darte y dalle
a él valor, y a ti mujer,
algo pueden merecer
mi entendimiento y mi tale.

Orfeo   Fílida, si yo tuviera
pensamiento de querer
otra mujer, mi mujer
pienso que después te hiciera;
que el tiempo lugar me diera
con que mi Eurídice lloro;
pero ni estimo tesoro,
ni me obliga tu belleza;
que quiero más mi tristeza,
que tu belleza y el oro.
 Esta solo vive en mí,
y en ella aquel alma bella,
como tú dices, estrella,
aunque fue Sol para mí;
con ella el alma perdí,
y así la pienso buscar;
que hasta volverla al lugar
adonde estuvo primero,
ni dejar de llorar quiero,
ni puedo dejar de amar.

Fílida   Escucha.

Orfeo   Es cosa perdida.

Fílida   Pues ¿dónde vas de esa suerte?

Orfeo   A los reinos de la muerte
                para que me den la vida.

Fílida   Está Venus ofendida
                de ti.

Orfeo   Ya lo sé, y que ha sido
                el oráculo cumplido,
                pues a mi Eurídice un día
                dijo que esposo tendría,
                breve, gustoso y perdido.

Fílida   Dame los brazos siquiera,
                pues de este valle te vas.

Orfeo   Si no la viera jamás,
                por ser cortés te los diera.

Fílida   ¿Tu necio amor verla espera?

Orfeo   Yo voy por ella a despecho
                del infierno.

Fílida   Es loco hecho.

Orfeo   No, que si espíritu es ya,
                por la boca me entrará
                y sacaréla en el pecho.

(Vase Orfeo.)

Fílida   ¿Qué aguardáis, vana esperanza,

qué es lo que queréis de mí?

(Sale Fabio graciosamente de camino, con unas alforjas, una lancilla.)

Fabio
Pienso que voy bien así
con mis alforjas y lanza.

Fílida
¿Quién es aqueste extranjero?

Fabio
¡Que se vaya de esta suerte
un hombre al infierno, ¡oh muerte!
sin ver tus huesos primero!
    Mas mi Fílida está aquí.

Fílida
¿Es Fabio?

Fabio
¿Pues no me ves?

Fílida
¿Dónde vas?

Fabio
    Donde después
no sepa nadie de mí.
    Pero aunque es larga jornada
y mala en todo rigor,
despedir me manda amor
de tu pie, Fílida amada,
    que solo fue lo que vi
para enamorarme tanto.

Fílida
¿Dónde vas?

Fabio
    Daréte espanto.

Fílida
¿Dónde?

Fabio   Al infierno.

Fílida   ¡Ay de ti!

Fabio   Dame el pie que me mató;
                 llevaréle a chamuscar,
                 porque le quiero pagar
                 el fuego que me causó.

Fílida   ¿Qué llevas aquí?

Fabio   Al infierno
                 llevo despachos, algunos
                 de amigos tan importunos,
                 que hasta con su fuego eterno
                   pretenden corresponderse.

Fílida   ¡Qué gentil correspondencia!

Fabio   Aunque es ahora en ausencia,
                 ¿quién duda que esperan verse?
                   A ciertas bellas Cleopatras
                 llevo papeles; ¿qué piensas?
                 Y entre cuentas de despensas,
                 escrituras de mohatras.
                   Otras supuestas me han dado
                 con antedatas crueles,
                 y también llevo papeles
                 de los que piden prestado.
                   Toda esta alforja cargué
                 de firmas negadas.

Fílida   Mira

que pasará la mentira
y vas caminando a pie.

Fabio

    ¡Oh, qué llevo de recetas
que han aprovechado mal!

Fílida

Tú llevas lindo caudal.

Fabio

De esto que escriben poetas
    llevo un camello cargado;
pero porque tarde es ya,
licencia y brazos me da.

Fílida

Mira que te han engañado
    si acaso vas con Orfeo.

Fabio

¿Qué he de hacer si es mi señor?

Fílida

Reñirle tan loco error
y reducir su deseo.

Fílida

    ¿Piensas que soy el primero
a quien llevaron amigos
al infierno?

Fílida

    ¡Qué castigos
te han de dar!

Fabio

    Ya los espero.

Fílida

    Por haber sido alcahuete.

Fabio

¿Yo?

Fílida   Pues ¿niégaslo, traidor?

Fabio   ¿Fui más de concertador?

Fílida   ¿Qué necia afición te mete
                en ir con un loco allá?

Fabio   Pésame que un buen marido
                vaya al infierno perdido,
                quedando tantos acá
                  que pudieran ir mejor;
                ellos saben si yo miento:
                ahora bien, dejarte siento,
                que me debes tierno amor;
                  mira qué quieres de allá:
                ¿algunas habas o afeites,
                untos, solimán, aceites?
                aunque no hay pocos acá.
                  ¿Qué hechizos o qué conjuros,
                que ésta es fruta que el infierno
                lleva en verano e invierno,
                o qué vocablos oscuros?
                  Mira qué pariente acaso
                quieres que salude, y mira
                si quieres que a la mentira
                le pida algún nuevo caso;
                  allá pienso visitar
                pastores que aquí traté.

Fílida   Loco estás.

Fabio   Más lo estaré
                si no me dejan tornar:
                  ¡Adiós, mundo; adiós, aldea;

adiós, prado, selva, fuente;
que voy a beber caliente,
que no hay mal que mayor sea!
   ¡Adiós, ingratos extremos,
malas lenguas sin castigos;
adiós, traidores amigos,
que presto allá nos veremos!

(Vase Fabio.)

Fílida   ¿Puede haber locura igual,
                puesto que ha sido firmeza?

(Salen Claridano y Aristeo.)

Aristeo   Claridano, yo agradezco
                ese sentimiento y pena
                que mostráis en mi partida.

Claridano   Sabe el cielo que me pesa
                mucho más de lo que muestro.

Aristeo   El ser forzosa mi ausencia
                os pudiera consolar
                si la causa refiriera.

Claridano   Supuesto que enriquecido
                la labor de las abejas
                me dejan, más siento agora
                el ver que mi casa dejas;
                de ella te quise hacer dueño,
                y darte a Fílida bella,
                Fílida, que con el Sol
                se atreve a hacer competencia:

¿No la quieres, quieres irte?
Dame esos brazos.

Aristeo   Conceda
tan larga vida a tus años
el cielo, que nietos veas
de tus nietos.

Claridano   A ser tuyos,
¡qué dicha, qué gloria fuera!

(Vase Claridano.)

Fílida   ¿De qué va tierno mi padre,
y te da los brazos?

Aristeo   Llegas,
Fílida, a buena ocasión,
pues hoy me parto a mi tierra.

Fílida   Con razón mi padre siente
tu partida, que a estas peñas
dará pena; ya los campos
llorarán tu breve ausencia,
ya las abejas no harán
de las flores de estas selvas,
con el rocío del alba,
blancas ciudades de cera.
Todo cesará sin ti,
que trujiste las colmenas
desde los valles de Tracia
a las montañas de Tebas;
pero dime si es verdad,
como entre pastores suena,

que eres rey.

Aristeo   Ya que me parto,
poco importa que lo sepas:
la hermosura de Eurídice,
que ya, por mi causa, muerta,
resuelve en tierras las rosas,
y en polvo las azucenas,
me detuvo en estos campos
donde vine a cazar fieras,
no tan fieras para mí
como lo fue su dureza:
ya sabes toda mi historia,
y que, huyendo en esta vega,
en forma de áspid la envidia
mordió sus pies blancos, que eran
antípodas de su cara,
por no mirar sus estrellas.
Muérome por estos valles
de ausencia y de eterna ausencia;
¿para qué quieres que viva
si ya no es posible verla?

Fílida   ¿Cómo no, si ya su esposo,
con su liza y su voz eterna,
por ella al infierno parte?

Aristeo   ¿Qué dices?

Fílida   Que va por ella.

Aristeo   Pues ¿presume enternecer,
por más que celeste sea
su voz, muros de diamante?

Fílida

No sé si es mucha soberbia;
mas lo que no puede hacer
la música, tú no creas
que lo harán fuerzas humanas.

Aristeo

No sé si aquí me entretenga
hasta ver qué trae de allá.

Fílida

Espera, ansí te concedan
los dioses ver a Eurídice.

Aristeo

Sí haré, si tú me confiesas
que es más locura esperallo
yo, que ir Orfeo por ella.

Fílida

Para que tengan ejemplos
dos imposibles, aciertas:
tan falsa esperanza en ti,
y en él tan necia firmeza.

(Vanse. Salen Orfeo y Fabio.)

Orfeo

Bien sé que vas cansado.

Fabio

        No pudiera
cansarme de servirte en tal camino
si el pretendido fin posible fuera.

Orfeo

Pues yo, Fabio, posible le imagino.

Fabio

Camino del infierno, ¡quién dijera
que fuera con la vida un peregrino!

Orfeo   Peregrino de amor, de amor profundo,
             me ha de llamar eternamente el mundo.

Fabio   Que no se halle una venta, con ser cierto
             que aquesta senda va a su llama eterna!
             ¡Que no haya un bodegón en este puerto,
             una carnicería, una taberna!
             Todo está de peñascos encubierto;
             donde el Sol amanece de linterna,
             en medio luce, entrando por arriba,
             que pienso que del cielo se derriba;
                ya los oídos de temor me tapo
             del son de los tormentos que imagino;
             no vuelvo más aquí si de ésta escapo;
             todo es pálidas sombras el camino;
             si rueda por la peña algún gazapo,
             sospecho que es espíritu malino;
             no hay árbol que no piense, entre estos fieros,
             que es algún alma a quien debí dineros.

Orfeo   Aquí me aguarda, y dame el instrumento,
             que ya la puerta de diamante veo.

Fabio   Pues ¿ya me dejas solo?

Orfeo   Solo intento
             que llegue a lo imposible mi deseo.

(Vase.)

Fabio   ¡Cielo, que estás a mi desdicha atento,
             si tu dorada luz llega al Leteo,
             dame favor! ¡Temblando estoy! ¡Ay, triste,
             qué negra sombra estos peñascos viste!

Ya templa Orfeo aquella dulce lira
que enterneció las fieros animales;
ya canta, ya suspende, ya se admira
el reino oscuro con acentos tales:
cesó la pena ya, paró la ira;
estos son los palacios infernales:
¡Qué lindos cuartos hay! Letreros tienen;
quiero leer mientras sus dueños vienen:
    Cuarto de amores, cuarto de logreros,
de los difamadores, de testigos
falsos, de ingratos, de ladrones fieros,
de fingidos y bárbaros amigos;
cuarto de cortesanos majaderos
(aquestos son terribles enemigos),
cuarto de damas, cuarto de valientes,
y cuarto de cansados pretendientes;
    cuarto de mal casados y maridos
al uso (no lo entiendo; al fin, casados),
de fulleros también y de atrevidos;
cuarto de necios, cuarto de cuñados:
pero ¿quién viene aquí? que mis sentidos,
de la sombra menor están turbados.
Orfeo vuelve ya, dejado el canto
en el barco del reino del espanto.

(Dé vuelta un barco negro con Orfeo y el Barquero.)

Barquero   Salta, valeroso amante;
deja el temido Aqueronte,
puesto que en aquesta orilla
hallarás llamas por flores.

Orfeo   Vuelve la barca; que aquí
no habrá para que me tornes,

si me conceden sus puertas
romper los helados bronces.

Fabio   Señor barquero, aunque estoy
destotra parte, perdone
preguntarle si ha pasado
a ciertos murmuradores
que no dejan honra a vida.

Barquero   Son muchos; dime los nombres.

Fabio   Allá voy, aguarde un poco.

Orfeo   Dormido el perro triforme
que guarda esta negra puerta,
¿qué puede haber que me enoje?
Las tres furias no ejercitan
sus infernales azotes,
ni los tres fieros jueces
culpas de las almas oyen.
¿Está la famosa reina?

(Córrase una cortina y véase Proserpina en una silla, velos de plata negros,
cetro y corona.)

Proserpina   ¿Quién eres tú, mortal hombre,
cuya voz silencio impuso
a las infernales voces?
¿Quién eres tan venturoso,
que los fieros escuadrones
de espíritus suspendiste
refiriendo tus amores?
Habla, bien puedes; ¿qué temes?

Orfeo   Pues permite que te informe,
ioh reina, en el cielo Luna
entre lucientes faroles;
Diana en los verdes campos,
entre Narcisos y Adonis;
Proserpina en este reino,
castigo de almas enormes!
Yo soy Orfeo de Tracia,
Orfeo soy; enseñóme
Apolo a tocar la lira,
que me ha dado inmortal nombre;
caséme con Eurídice,
ninfa de los verdes bosques,
que por guardarme lealtad
a su nobleza conforme,
la mató un áspid, huyendo;
bajó a tu reino; dejóme
tan triste, que me atreví,
sin que la muerte me asombre,
a cantarle tristes versos,
y cuyas dulces canciones
enternecieron los pechos
de Meguera y Tisifonte.
Si los cielos, si sus cursos
e inteligencias veloces,
los planetas y los signos
que su máquina componen,
son música y armonía
que allá las deidades oyen;
si cuanto Júpiter hizo
sigue su concierto y orden,
pueda merecer de ti
quien tregua a tus penas pone
que a mi Eurídice me vuelvas:

así nunca el Sol enoje
tus siempre oscuras tinieblas
con sus claros resplandores.

Proserpina   Tu música y tu firmeza
y tus humildes razones,
merecen que nuestro Imperio
la inviolable ley derogue.
¡Radamanto!

(Sale Radamanto.)

Radamanto   ¿Gran señora?

Proserpina   Dondequiera que se aloje
de Eurídice el alma, quiero
que al cuerpo en que estuvo torne;
parte a los Elíseos Campos
con su esposo, y no le estorben
para dársela los ríos,
ni las infernales torres.

Radamanto   Pues ¿tú derogas, señora,
las leyes de tus mayores?

Proserpina   No hay regla tan general
que no padezca excepciones;
y cuando no fuera Orfeo
digno de tales favores,
por su voz, que suspendió
nuestros tormentos entonces,
por el marido más firme
este premio se le otorgue.

Orfeo   ¿Qué te puedo responder
                en tantas obligaciones,
                sino que mi pluma y lira
                harán inmortal tu nombre?
                Vamos, Radamanto, vamos.

Proserpina   Advierte las condiciones,
                Orfeo, con que te doy
                a tu esposa.

Orfeo   ¡Por los dioses,
                reina, de no serte ingrato!

Proserpina   Que hasta que estés en los montes
                de Tracia no has de volver,
                aunque sus manos te toquen
                la cabeza, a ver tu esposa,
                porque tus pies y tus voces
                seguirá detrás de ti.
                Si es que te atreves; disponte
                a llevarla adonde vives;
                que si la promesa rompes,
                apenas la habrás mirado
                cuando la pierdas y llores.

Orfeo   Gran cosa me pides, reina;
                pero todas son menores
                que mi amor.

Proserpina   En este cetro
                jura.

Orfeo   Basta que le tomes
                en la tierra de esos pies;

yo voy por el alma noble
de mi Eurídice.

Proserpina   Pues mira,
que aunque su voz te enamore,
no la mires.

Orfeo   Mi alegría
esa tristeza interrumpe.

Proserpina   Porque si una vez la pierdes,
no haya miedo que la cobres.

Orfeo   ¡Ay, mi bien, por verte muero!
¡Dura condición me ponen!

(Vanse. Sale Albante, un capitán y soldados.)

Albante   En esta selva sagrada,
la Venus dicen que vive.

Capitán   Armas y gente apercibe.

Albante   Capitán, no importa nada
la lealtad al Rey jurada,
que el reinar es una acción
que disculpa la traición:
por la espada se han ganado
imperios, que al mundo han dado
materia de admiración.
 Apártate un poco aquí
y sabrás quién soy.

Capitán   Ya sé

tu principio.

Albante   Humilde fue:
en estas selvas nací;
de sus cabañas partí
a ver las grandes ciudades,
trocando las soledades
por las armas y las iras,
y por guerras y mentiras
las paces y las verdades.
   Serví al príncipe Aristeo,
que es el que vengo a matar,
después que emprendí reinar
tan mal seguro me veo;
muerto, ningún hombre creo
que se me puede oponer;
solo tengo que temer
no ser aquí conocido
de un hombre por quien he sido,
digo, por quien tengo ser.
   Es un rico mayoral
de esta selva, al fin pastor;
pero su sangre y valor
con los príncipes igual,
y aunque no me esté tan mal,
quisiera que se excusara,
que me viera y que me hablara.

Capitán   Mejor es, de mi opinión,
hablarle, y darle razón
de tu dicha nueva y rara,
   que secreto sabrá ser.

Albante   Hay también otro testigo.

Capitán

Pues ¿qué importa si es amigo?

Albante

No es amigo, que es mujer.

Capitán

¡Cómo!

Albante

Hermana.

Capitán

    Pues hacer
que el viejo no se lo diga,
porque de hermana y de amiga
siempre quedó que temer.

Albante

    Conozco aquesta cabaña.

Capitán

¿Vive aquí?

Albante

    Sí.

Capitán

    Pues entremos;
esa gente que traemos,
se aloje por la campaña;
que hay gente en esta montaña,
aunque no sabe de guerra,
que con los leones cierra.

Albante

¡Oh tiempo! ¿A quién guardas ley?
¡Quién me dijera que rey
me viera esta humilde tierra!

(Sale Orfeo sin volver la cabeza, hablando con Eurídice, y ella detrás con un velo de plata sobre el vestido.)

Orfeo
     Camina, Eurídice bella,
camina, señora mía;
que a mí no sé quien me guía,
pues se queda atrás mi estrella.

Eurídice
     Ya voy, mi querido esposo;
no temas, contigo voy.

Orfeo
¡Cielos, venturoso soy,
pero ciego venturoso!
     Ya fabrico tu hermosura
dentro en la imaginación;
pero los deseos son
mayores que la ventura.
     Quisiérate yo tocar,
quisiera llegarme a ti.
¿No respondes? ¡Ay de mí!
Mi bien, ¡no ceses de hablar!

Eurídice
     Por oírte, señor mío,
iba callando.

Orfeo
     No es justo;
hablemos juntos, que gusto
de no temer tu desvío.

Eurídice
     Hablar dos no puede ser,
y estar a entenderse atentos.

Orfeo
Mi vida, dos instrumentos
juntos se suelen tañer,
     y no pueden disonar
si iguales están templados,
y así, tú y yo enamorados,

podemos a un tiempo hablar.

Eurídice   La verdad me persuades;
              habla, y no estemos en calma;
              que es grande música el alma
              para templar voluntades.
                 No hará el amor disonancia
              de nuestras dulces razones,
              pues templó dos corazones
              una misma consonancia.
                 Mas ¿cómo callas agora?

Orfeo   Por oírte y entenderte;
              y así, quiero de otra suerte
              hablar contigo, señora.
                 ¿Sentiste el morir?

Eurídice   Por ti.

Orfeo   ¿Mucho?

Eurídice   No hay comparación.

Orfeo   ¿Qué es morir?

Eurídice   Es división.

Orfeo   ¿De quién?

Eurídice   Del alma y de ti.

Orfeo   ¿Cuerpo soy suyo?

Eurídice   ¡Pues no!

Orfeo   Luego ¿el alma no?

Eurídice   También.

Orfeo   Engáñaste.

Eurídice   ¿Yo, mi bien?

Orfeo   Sí, que a ser el cuerpo yo,
               tú fueras viva y yo muerto.

Eurídice   Luego ¿estás vivo sin mí?

Orfeo   Sin ti no; mas oye.

Eurídice   Di.

Orfeo   ¿Fue celos tu mal?

Eurídice   Fue cierto.

Orfeo   ¿Qué pensaste ver?

Eurídice   Traiciones.

Orfeo   Y ¿qué viste?

Eurídice   Aquel pastor.

Orfeo   Pues ¿qué te dijo?

Eurídice   Su amor.

Orfeo   ¿Qué importan vanas razones?

Eurídice   Temí sus obras.

Orfeo   ¡Ay, dioses!
                    ¿Quién llegará en ansias tales,
                    adonde de tantos males
                    entre mis brazos reposes?
                       Muriéndome voy por verte,
                    y no verte es vivir yo;
                    ¿quién, como yo, caminó
                    entre la vida y la muerte?
                       ¿Si estarás como solías,
                    cuando vuelvas a animar,
                    alma, que me la has de dar,
                    aquellas cenizas frías?
                       ¿Si tendrás las mismas rosas?
                    ¿Si las mismas azucenas
                    partirán azules venas
                    de tus manos amorosas?
                       ¿Cuándo llegaré yo a verlas,
                    y a gozar como gozaba,
                    aquel clavel que me hablaba
                    entre dos hilos de perlas?
                       ¿Cuándo, te diré, mi bien,
                    aquellos tiernos amores,
                    mereciéndolos mayores
                    por la privación también?

Eurídice   Presto, mi vida, verás
                    cómo te pago esa fe,
                    cuando mis brazos te dé.

Orfeo   ¡Ay, cielos, no puedo más!
                       ¡Vuelvo a verte, loco estoy!

Eurídice   Tente, mi bien.

Orfeo   No podré.

Eurídice   ¿Qué has hecho, esposo?

Orfeo   No sé.

Eurídice   ¡Perdísteme!

Orfeo   ¡Muerto voy!

(Por el escotillón del teatro, o con otra invención, se le desaparezca.)

        Eurídice, ¡esposa! En vano
        la llamo; volvióse en viento,
        desvanecióse a mis ojos:
        ¡Ay de mí! ¿De quién me quejo?
        Juré, quebré la palabra,
        vengué a mi enemiga Venus:
        ¡Oh privaciones de amor,
        y cuánto mal me habéis hecho!
        Mucho me costaste, esposa;
        si te conquisté discreto,
        necio te perdí, que son
        los más necios, dando en necios;
        ¿qué disculpa podré dar
        de mi loco pensamiento?
        ¡Oh privaciones de amor,
        y cuánto mal me habéis hecho!
        Por aquí se fue. ¿Qué haré?
        ¡Volvedme mi esposa, cielos;
        pero ¿cómo se la pido,

pues que no la tienen ellos?
¡Esposa, esposa!

(Fabio dentro.)

Fabio   Ya salgo.

Orfeo   Respondió, sí, porque el eco
respondiera: «¡Esposa!», dijo:
«Ya salgo.» Pues ya te espero;
sal, mi bien, ¿qué aguardas? ¡Sal!

Fabio   Pues di quién eres primero.

Orfeo   Orfeo soy.

Fabio   ¡Qué ventura!

(Sale Fabio por donde se fue Eurídice.)

          Dame tus brazos, Orfeo.

Orfeo   ¿Quién eres?

Fabio   ¿No me conoces?
Fabio, tu pastor.

Orfeo   ¿Qué es esto?
¿De dónde vienes ansí?

Fabio   ¡Del infierno!

Orfeo   ¿Del infierno?

Fabio   Pues ¿no me dejaste allá

y te viniste, trayendo
la bella Eurídice?

Orfeo   ¡Ay, Fabio,
perdida por mal consejo!
Juré no volver a verla
en todo el camino, y fueron
tan fuertes las privaciones,
que la vi en amor deshecho.
Apenas miré su bulto,
no sé si en alma o en cuerpo,
si fantasma, o si verdad,
que todo parece sueño,
cuando se huyó de mis ojos
y se fue resuelta en viento.
¡Oh privaciones de amor,
y cuánto mal me habéis hecho!

Fabio   Pues Orfeo, si tú piensas
volver por ella al infierno,
busca quien vaya contigo,
que yo en el mundo me quedo.

Orfeo   Esta es la sagrada selva,
donde vi tus ojos bellos,
Eurídice.

Fabio   Las cabañas
se arden en voces y en fuego.

(Salen Aristeo y Camilo con espadas, defendiéndose de Albante; el Capitán y soldados, Claridano y Fílida de por medio.)

Aristeo   ¿A tu rey, traidor Albante?

Albante   No es mi rey hombre que ha hecho
                 tal deshonor en mi casa.

Orfeo   ¿Cuál es Eurídice de éstos?

Fabio   Mira, señor, que estás loco.

Claridano   ¡Hijo, detente!

Albante   ¡Primero
                 quitaré a un traidor la vida!

Fílida   Hermano, si te merezco
                 respeta, advierte...

Albante   Ya es tarde.

Aristeo   ¿Después de quitarme el reino
                 me quitas la vida?

Orfeo   ¡Aquí
                 debe de ser el infierno,
                 que hay la misma confusión!
                 Almas, ¿quién sois? ¡Deteneos!

Aristeo   ¿Qué es esto?

Orfeo   ¿No conocéis
                 a Orfeo? Volvedme, os ruego,
                 a Eurídice.

Fílida   ¿Hay tal desdicha?
                 Loco está.

Fabio   Loco se ha vuelto.

Fílida   ¿Qué es esto, Fabio?

Fabio   No sé;
               sacamos por muchos ruegos
               a Eurídice, al fin mujer,
               hijas del agua y del viento,
               y en un volver de cabeza,
               advierta todo hombre cuerdo,
               se nos ha desaparecido.

Orfeo   Cuanto mal tengo, merezco;
               pero si me dan tristezas
               lugar para conoceros,
               mientras acabo la vida
               llorando amorosos versos,
               decidme: ¿por qué razón
               con tantas armas os veo?

Aristeo   Después de quitarme Albante
               mi reino, viene...

Albante   No vengo
               a matarte si me vuelves
               mi honor, pues con esto puedo
               dar satisfacción de mí.

Orfeo   Ya vuestras quejas entiendo.
               Aristeo, da la mano
               a Fílida, y a tu reino
               vuelve con ella; que Albante
               así queda satisfecho

de la sospecha que tiene.

Albante   Si él se casa, yo lo quedo,
para que goce mi hermana
la corona que yo pierdo.

Aristeo   La mano le doy.

Fabio   Señores,
adviertan...

Capitán   ¿Qué quieres?

Fabio   Quiero
casarme; que bien podré,
pues he estado en el infierno.

Capitán   ¿Con quién?

Fabio   ¡Dantea! ¿Ella aquí?
dame esa mano.

Dantea   Ya temo
que me la quemes.

Fabio   Tu nieve
templará después mi fuego.

Orfeo   Aquí mi historia dio fin,
mis quejas no, y ansí quiero
que oigáis la segunda parte
y perdonéis nuestros yerros.

Fin de la comedia

Libros a la carta

A la carta es un servicio especializado para
empresas,
librerías,
bibliotecas,
editoriales
y centros de enseñanza;
y permite confeccionar libros que, por su formato y concepción, sirven a
los propósitos más específicos de estas instituciones.

Las empresas nos encargan ediciones personalizadas para marketing
editorial o para regalos institucionales. Y los interesados solicitan, a título
personal, ediciones antiguas, o no disponibles en el mercado; y las acom-
pañan con notas y comentarios críticos.

Las ediciones tienen como apoyo un libro de estilo con todo tipo de refe-
rencias sobre los criterios de tratamiento tipográfico aplicados a nuestros
libros que puede ser consultado en Linkgua-ediciones.com.

Linkgua edita por encargo diferentes versiones de una misma obra con
distintos tratamientos ortotipográficos (actualizaciones de carácter divul-
gativo de un clásico, o versiones estrictamente fieles a la edición original
de referencia).

Este servicio de ediciones a la carta le permitirá, si usted se dedica a
la enseñanza, tener una forma de hacer pública su interpretación de un
texto y, sobre una versión digitalizada «base», usted podrá introducir inter-
pretaciones del texto fuente. Es un tópico que los profesores denuncien
en clase los desmanes de una edición, o vayan comentando errores de
interpretación de un texto y esta es una solución útil a esa necesidad del
mundo académico.

Asimismo publicamos de manera sistemática, en un mismo catálogo, tesis
doctorales y actas de congresos académicos, que son distribuidas a través
de nuestra Web.

El servicio de «libros a la carta» funciona de dos formas.

1. Tenemos un fondo de libros digitalizados que usted puede personalizar
en tiradas de al menos cinco ejemplares. Estas personalizaciones pueden
ser de todo tipo: añadir notas de clase para uso de un grupo de estu-

diantes, introducir logos corporativos para uso con fines de marketing empresarial, etc. etc.

2. Buscamos libros descatalogados de otras editoriales y los reeditamos en tiradas cortas a petición de un cliente.